THIAGO REIS

DEMANDA
INFINITA

Tenha mais **CLIENTES, RECEITA** e **LIBERDADE** com a metodologia usada pelas empresas de **MAIOR CRESCIMENTO**

ALTA BOOKS
GRUPO EDITORIAL
Rio de Janeiro, 2023

Demanda Infinita

Copyright © 2023 da Starlin Alta Editora e Consultoria Eireli.
ISBN: 978-85-508-1927-3

Impresso no Brasil – 1ª Edição, 2023 – Edição revisada conforme o Acordo Ortográfico da Língua Portuguesa de 2009.

Dados Internacionais de Catalogação na Publicação (CIP) de acordo com ISBD

R375d   Reis, Thiago
           Demanda infinita: tenha mais clientes, receita e liberdade com a metodologia usada pelas empresas de maior crescimento / Thiago Reis. - Rio de Janeiro : Alta Books, 2023.
           288 p. ; 15,7cm x 23cm.

           ISBN: 978-85-508-1927-3

           1. Administração. 2. Gestão. 3. Crescimento. 4. Demanda. I. Título.

2022-3772   CDD 658.401
                                                             CDU 658.011.2

Elaborado por Odílio Hilario Moreira Junior - CRB-8/9949

Índice para catálogo sistemático:
1. Administração : gestão 658.401
2. Administração : gestão 658.011.2

Todos os direitos estão reservados e protegidos por Lei. Nenhuma parte deste livro, sem autorização prévia por escrito da editora, poderá ser reproduzida ou transmitida. A violação dos Direitos Autorais é crime estabelecido na Lei nº 9.610/98 e com punição de acordo com o artigo 184 do Código Penal.

A editora não se responsabiliza pelo conteúdo da obra, formulada exclusivamente pelo(s) autor(es).

Marcas Registradas: Todos os termos mencionados e reconhecidos como Marca Registrada e/ou Comercial são de responsabilidade de seus proprietários. A editora informa não estar associada a nenhum produto e/ou fornecedor apresentado no livro.

Erratas e arquivos de apoio: No site da editora relatamos, com a devida correção, qualquer erro encontrado em nossos livros, bem como disponibilizamos arquivos de apoio se aplicáveis à obra em questão.

Acesse o site www.altabooks.com.br e procure pelo título do livro desejado para ter acesso às erratas, aos arquivos de apoio e/ou a outros conteúdos aplicáveis à obra.

Suporte Técnico: A obra é comercializada na forma em que está, sem direito a suporte técnico ou orientação pessoal/exclusiva ao leitor.

A editora não se responsabiliza pela manutenção, atualização e idioma dos sites referidos pelos autores nesta obra.

Produção Editorial
Grupo Editorial Alta Books

Diretor Editorial
Anderson Vieira
anderson.vieira@altabooks.com.br

Editor
José Ruggeri
j.ruggeri@altabooks.com.br

Gerência Comercial
Claudio Lima
claudio@altabooks.com.br

Gerência Marketing
Andréa Guatiello
andrea@altabooks.com.br

Coordenação Comercial
Thiago Biaggi

Coordenação de Eventos
Viviane Paiva
comercial@altabooks.com.br

Coordenação ADM/Finc.
Solange Souza

Coordenação Logística
Waldir Rodrigues

Gestão de Pessoas
Jairo Araújo

Direitos Autorais
Raquel Porto
rights@altabooks.com.br

Produtor da Obra
Paulo Gomes

Assistente da Obra
Patricia Silvestre

Produtores Editoriais
Illysabelle Trajano
Maria de Lourdes Borges
Thales Silva
Thiê Alves

Equipe Comercial
Adenir Gomes
Ana Carolina Marinho
Ana Claudia Lima
Daiana Costa
Everson Sete
Kaique Luiz
Luana Santos
Maira Conceição
Natasha Sales

Equipe Editorial
Ana Clara Tambasco
Andreza Moraes
Beatriz de Assis
Beatriz Frohe

Betânia Santos
Brenda Rodrigues
Caroline David
Erick Brandão
Elton Manhães
Fernanda Teixeira
Gabriela Paiva
Henrique Waldez
Karolayne Alves
Kelry Oliveira
Lorrahn Candido
Luana Maura
Marcelli Ferreira
Mariana Portugal
Matheus Mello
Milena Soares
Viviane Corrêa
Yasmin Sayonara

Marketing Editorial
Amanda Mucci
Guilherme Nunes
Livia Carvalho
Thiago Brito

Atuaram na edição desta obra:

Revisão Gramatical
Kamila Wozniak
Fernanda Lutfi

**Projeto Gráfico |
Diagramação | Capa**
Paulo Gomes

Editora afiliada à: ASSOCIADO

Rua Viúva Cláudio, 291 – Bairro Industrial do Jacaré
CEP: 20.970-031 – Rio de Janeiro (RJ)
Tels.: (21) 3278-8069 / 3278-8419
www.altabooks.com.br – altabooks@altabooks.com.br
Ouvidoria: ouvidoria@altabooks.com.br

Sumário

Prefácio, VII
Introdução, XII

Capítulo 01: Construção da Demanda Infinita, 1

- O que é dominar sua geração de demanda, 2
- Visão geral do processo de vendas, 7
- Por que 90% das empresas não têm sucesso na geração de demanda, 13
- Como se preparar para a Demanda Infinita, 18
- Ache as frutas baixas primeiro, 19
- Framework Demanda Definitiva, 21
- Oito formas de gerar mais leads, 29
- Objetivos da Demanda Infinita, 35

Capítulo 02: Estabelecendo uma Rota, 39

- Foco no nicho, 40
- Tática de crescimento, 43
- Perfil de Cliente Ideal (ICP), 44
- Definição de ICP, 46
- Atributos essenciais para encontrar o ICP, 48
- Vantagens de definir o ICP, 49
- Como identificar seu ICP, 50
- Perspectivas do Mercado, 52
- Atributos de segmentação, 53
- Validação do perfil de cliente ideal para a sua empresa, 55
- Prospecção e venda, 56
- Jornada de compra do seu ICP, 57
- Posicionamento insuperável, 58

Capítulo 03: Estratégia de Crescimento, 61

- Planejando suas metas, 62
- Metas SMART, 63
- Definição de metas de vendas, 65
- Fatores que atrapalham o time, 67
- Clareza sobre as ações, 68

 Capítulo 04: Método Kanban Prospect, 71

- Bem-vindo ao Método Kanban, 72
- O que é o Kanban Prospect, 74
- Identificação do cliente ideal, 78
- Canvas de valor da prospecção, 80
- Compreensão das necessidades do prospect, 80
- Proposta de valor da solução, 82
- Definição da estrutura da cadência, 85
- Construção da cadência, 88
- Critérios de qualificação e red flags, 89
- Como conduzir uma dinâmica para construir seu fluxo de cadência, 90
- Como levar para sua operação, 91
- Esqueça os templates de e-mail, 92
- Usando a linguagem do seu cliente, 94

 Capítulo 05: Kanban Prospect na Prática, 97

- Montando o seu Kanban Prospect, 98
- Dúvidas do Kanban Prospect, 107
- Escala de dor Kanban Prospect, 112
- Entendendo seu negócio com o Kanban Prospect, 113
- Qual a estratégia de demanda, 115
- Perguntas de qualificação e red flags, 117

Capítulo 06: Potencializando seu Kanban Prospect, 121

- Como converter o Kanban Prospect em processo de geração de demanda, 122
- Esqueça os templates de e-mail, 125
- Usando a metodologia Demanda Infinita, 128
- Desenhando seus templates, 129
- Boas práticas de e-mails frios, 133
- Transformando seu Kanban Prospect em e-mails, 137
- Personalização de e-mails de prospecção com variáveis, 139
- Criando script de ligação, 151
- Social-points, 162
- Atividade de pesquisa, 165
- Planilha de qualificação, 171
- Consolidando tudo com seu fluxo de cadência, 174
- Treinamento do time de prospecção, 178

 Capítulo 07: Softwares de Cadência, 181

- Usando tecnologia na prospecção outbound, 182
- Software de cadência, 184
- Construção de lista, 187
- Validação de e-mail, 196
- Prospecção automática ou manual, 198
- Cadastrando o processo no software, 200
- Meetime, 201
- Snov.io, 204
- MixMax, 206
- Prospectando dentro do LinkedIn no automático, 207

Capítulo 08: Social Selling, 213

- Social Selling para gerar Demanda Infinita, 214
- Como usar o LinkedIn no seu processo de prospecção, 219
- Otimizando seu perfil para vender mais, 222
- Criando um processo de vendas sociais, 226
- Usando o Sales Navigator, 239

 Capítulo 09: Projeto de Implantação, 245

- Estruturando mudanças com foco na Demanda Infinita, 246
- Definindo as atividades, 247
- Entenda onde você está, 251
- Construindo a estratégia Demanda Infinita, 252
- Aprimorando seu processo, 254
- Como otimizar seu processo de prospecção, 255
- Como saber se sua prospecção de vendas está falhando com você, 257

Kanban Prospect Prático, 260
Conclusão, 266

Prefácio

Sempre que fazemos uma pesquisa na VendaMais sobre os maiores desafios da área comercial, Prospecção de Novos Clientes aparece entre os top 3 assuntos mais demandados.

Por causa disso, passei os últimos anos estudando de maneira aprofundada abordagens, técnicas, ferramentas... o que for necessário para ajudar as empresas a superar esse desafio.

Foi então com muita alegria que revisei este livro do Thiago. É um verdadeiro manual — ajuda a repensar a questão da prospecção em três níveis: no estratégico, no tático e no operacional. É raríssimo encontrar um passo a passo que demonstra de maneira clara e simples, mas aprofundada, exatamente o que precisa ser feito para ter um fluxo constante de potenciais clientes.

Mais importante: transformar esses potenciais clientes em VENDAS, mas sem ter que passar pelos suplícios e pelas questões negativas que tantas empresas passam.

Quando vou falar de alta performance, falo sempre do que chamo de "suplícios": são situações negativas e posturas limitantes que prejudicam a conquista consistente de bons resultados.

DEMANDA INFINITA

Os quatro principais que encontro:

1. Suplício de Tântalo
2. Suplício de Sísifo
3. Suplício de Atlas
4. Suplício de Narciso

O que Tântalo, Sísifo, Atlas e Narciso têm a ver com prospecção e com este livro do Thiago?

Deixe-me explicar rapidamente:

1. Tântalo

Foi condenado a ter uma fome e uma sede insaciáveis. Quando estende a mão para buscar comida, ela se afasta. Quando tenta pegar água com as mãos, ela escorre. Ele é condenado a essa busca eterna e insaciável.

Na prospecção e na geração de demanda isso acontece quando a pessoa responsável encarregada de carregar a demanda está sempre correndo atrás da ferramenta nova, da técnica nova, do *hack*, do modismo. E, como não consegue se aprofundar em nada (pois o foco está sempre no próximo, no novo), a pessoa fica eternamente insatisfeita (e com fome).

Prefácio

2. Sísifo

Foi condenado a carregar morro acima uma pedra que, ao chegar ao topo, sempre cai para o outro lado. E ele tem que começar novamente. Dia após dia, ele carrega a pedra acima só para que ela chegue ao outro lado e caia novamente.

Em prospecção e geração de demanda isso acontece quando você não define corretamente seu PCI e tem baixas taxas de conversão.

Cria-se uma pressão intermitente que exige um fluxo cada vez maior de *leads*, mas que depois não convertem. Muito trabalho, pouco resultado e muita frustração.

3. Atlas

Foi condenado a carregar o mundo nas costas.

Em prospecção e demanda isso acontece quando você coloca toda a pressão de toda a empresa única e exclusivamente na questão de gerar leads e *prospects*.

Todos os outros departamentos da empresa, que deveriam trabalhar para serem centros de excelência e de atendimento ao cliente, na verdade continuam ineficientes e exigem que a geração de demanda compense isso.

Prospecção e geração de demanda precisam fazer parte de uma visão estratégica de growth, não como forma de compensar a ineficiência dos outros.

DEMANDA INFINITA

4. Narciso

Foi condenado a apaixonar-se por si mesmo. Vamos relembrar que, na lenda de Narciso, ele se apaixona pela imagem dele mesmo refletida na água e fica preso ali, sem poder sair.

Em prospecção e demanda isso acontece quando o departamento e/ou as pessoas responsáveis começam a achar que são mais importantes do que o resto.

Como disse anteriormente: prospecção e geração de demanda precisam fazer parte de uma visão estratégica de growth. Todos os departamentos da empresa precisam coordenar esse trabalho de maneira conjunta. Tudo começa na prospecção; é o gatilho inicial, mas alguém depois tem que entregar o que foi vendido. Vamos relembrar que empresas de sucesso, com Demanda Infinita, têm clientes muito satisfeitos também. Ou seja: precisamos vender e encantar (não um ou outro).

Demanda Infinita sem satisfação de clientes acaba não sendo infinita... então não adianta a Geração de Demanda achar que é Narciso.

Essas quatro situações potencialmente negativas são encontradas com frequência no mercado empresarial.

Felizmente todas têm solução: basta seguir as recomendações e o passo a passo do Thiago.

Com uma mistura muito consistente de experiência, técnica e visão prática, Thiago consegue nos conduzir bem na implantação completa de um programa de geração de Demanda Infinita que vai colocar sua empresa no próximo nível.

Leitura recomendada para todo líder comercial que quer ver sua empresa vender cada vez mais.

Prefácio

Pegue papel e caneta, leia e releia o livro, coloque em prática e colha os resultados. *Demanda Infinita* oferece um dos melhores ROIs de tempo, energia e dinheiro que você pode ter em vendas e lucro este ano.

Abraço, boa leitura e boa$ venda$,

Raul Candeloro

Diretor
www.vendamais.com.br

Introdução

Na primeira vez em que fiquei responsável por um departamento de vendas e marketing, eu me deparei com a seguinte situação: um vendedor, um fluxo de caixa negativo e uma contagem regressiva para salvar a empresa (e o meu emprego).

Diante dessa situação, meu primeiro passo foi contratar uma agência de marketing digital. Comecei a fazer marketing de conteúdo e contratei diversas ferramentas. Depois de seis meses de muito esforço e dedicação, eu entrava no meu departamento de vendas e me sentia orgulhoso: todo mundo com o telefone no ouvido.

Tínhamos recorde de leads, de reuniões e de propostas enviadas. Só não tínhamos uma coisa: **VENDAS!**

Por mais que todos estivessem se esforçando muito e se empenhando para trazer o resultado, ele simplesmente não aparecia. Sem saber exatamente o que fazer, fui atrás de mentores — eu sabia que tinha algo errado, só não sabia o que era!

Na minha cabeça eu já tinha achado a direção, mas não sabia o que estava faltando. Um dos meus mentores, que hoje é CEO de uma das mais importantes máquinas de vendas da atualidade, veio até mim e disse: "Thiago, esforço é diferente de resultado. Não adianta gerar um caminhão de leads e não vender. Quando você vai assumir essa responsabilidade? Olhe o gerente dessa empresa, ele sabe transformar leads em clientes."

DEMANDA INFINITA

Aquelas palavras foram um soco no meu estômago. Eu já tocava a operação de vendas há um ano. Já dava as minhas primeiras palestras. Minhas campanhas no Google tinham sido otimizadas por um dos maiores especialistas em marketing do país e meu site tinha sido desenvolvido por uma agência de destaque na área. Além disso, meu conteúdo estava sendo produzido por uma das maiores referências em inbound marketing. Todos os sistemas estavam integrados. Eu tinha encontrado minha vocação no setor vendas e ser gestor era tudo que eu tinha.

Parecia que eu estava dando meu melhor, mas meu melhor não era o bastante. Faltava conhecimento e estratégias. Eu realmente era ruim e precisava daquele soco. Na vida, muitas vezes não enxergamos a realidade e precisamos de alguém para nos dizer: "Você é ruim, vá estudar."

E a verdade é que, geralmente, fazemos tudo que todo mundo faz: investimos nas ferramentas e nos fornecedores. Mesmo assim, nos vemos lutando e tendo dificuldades com a empresa. Na maioria das vezes, a sensação é que estamos sozinhos e precisamos cuidar de todos os processos para gerar resultados; e, mesmo tentando muito e persistindo, não alcançamos o sucesso.

Depois do alerta que recebi, dei a volta por cima. Após lidar com essas dificuldades e ver que outros profissionais de vendas também passam por elas, desenvolvi uma solução para esse problema. A metodologia que proponho neste livro vem sendo otimizada ao longo dos últimos anos e é a combinação de alguns processos muito simples.

Noventa por cento dos problemas de um departamento de vendas são consequência de uma baixa geração de leads qualificados. Não existe outro caminho para quem quer crescer:

Introdução

ou você controla sua demanda ou sua demanda controlará o seu crescimento.

E o crescimento não é acidental. Não conheço nenhuma história de sucesso sobre alguém que acordou um dia e se tornou dono de uma grande empresa. Isso não existe! É difícil criar uma estratégia campeã de prospecção de clientes. Há cada vez mais concorrentes e temos um cenário econômico hostil. Ainda assim, eu sinceramente acredito que o crescimento é um processo possível de ser dominado.

Diante dessa equação, nada é mais importante que a geração de demanda. Em qualquer setor, o que acontece quando a demanda é maior que a oferta? Os preços sobem. Quando os preços estão altos, o lucro é maior. Por sua vez, quanto maior o lucro, mais é possível reinvestir no crescimento, até que se alcance o que eu chamo de "Demanda Infinita".

Então, para alcançar a Demanda Infinita, primeiro precisamos entender que estamos na era da tecnologia, na qual é necessário otimizar as campanhas de marketing para trazer o máximo de retorno sobre o investimento (ROI), tornar os vendedores cada dia mais produtivos, e fazer com que o setor de vendas migre do campo das artes para o de ciências exatas.

Por mais que durante muito tempo a função de vendas tenha sido vista como um dom, uma habilidade nata, empresas de alto crescimento tratam vendas como ciência, atribuindo processo, aplicando metodologias e utilizando sistemas que buscam tornar a abordagem comercial simples e científica.

Dentro desse campo, a prospecção de clientes é o ponto em que a maioria das empresas fracassa. Mesmo que muitos acreditem que sua falta de resultado está atribuída a um fator estratégico e mercadológico, percebemos que essa crença está errada.

DEMANDA INFINITA

A maioria das empresas não tem um problema de vendas. O que eu mais escuto é: "Quando o cliente chega até mim, vender é fácil." O grande desafio é gerar demanda na quantidade certa, com o perfil certo e no momento de compra. Logo, se a empresa chegar à Demanda Infinita, a maior parte dos problemas estará resolvida.

Se o pior dos vendedores receber uma grande quantidade de oportunidades qualificadas, ele fechará a venda e baterá a meta. Mas, se um vendedor fantástico, muito técnico, que conhece bem o mercado e o produto não chega na frente de potenciais clientes, você consegue imaginar alguma circunstância em que ele bata a meta? O cenário no qual o profissional se encontra é essencial para a comercialização do produto e para o crescimento da empresa, por isso a demanda é o ponto-chave do sucesso.

Este não é um livro sobre vendas, mas nenhum outro conteúdo pode ajudar você a aumentar tanto as vendas da sua empresa quanto este. Preparei esta obra para ser um guia prático nesse caminho de crescimento e, ao longo deste livro, explorarei os principais pontos necessários para revolucionar sua geração de demanda e levar sua área de vendas ao próximo nível.

Aproveite a jornada,

Thiago Reis

AVISO: Os materiais extras presentes na obra são de responsabilidade do autor.

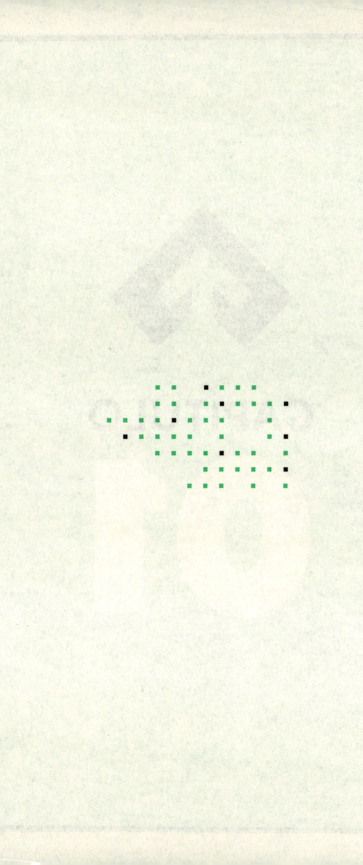

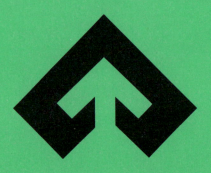

CAPÍTULO
01

Construção da Demanda Infinita

O que é dominar sua geração de demanda

A demanda é o que faz uma empresa ser pequena ou grande. Dominar sua geração de demanda significa ter total controle sobre a quantidade de pessoas que descobrem que sua empresa existe. Demanda é como o combustível de um negócio: com ela, mesmo uma pequena empresa consegue acelerar muito seu faturamento.

Dentro do conceito de estruturação do processo de gerar demanda, existe um conceito mais amplo chamado *Máquina de Vendas*, que é uma metodologia cujo objetivo é estruturar seu processo de conquista de novos clientes.

A primeira vez que tive contato com essa metodologia eu tinha um grande desafio: transformar uma empresa tradicional, que possuía um crescimento médio de 6% ao ano, em uma empresa promissora — isso em um mercado muito concorrido e sem dinheiro para investir. Ou seja, uma missão impossível!

Segundo a Endeavor, somente 1% das empresas cresce mais de 20% ao ano durante 3 anos seguidos. Meu objetivo nesse momento era, no mínimo, estar entre esse 1%.

No início, a minha ideia era simplesmente resolver o meu problema no departamento de vendas, que apresentava o seguinte cenário:

DEMANDA INFINITA

- Baixa procura de potenciais clientes.
- 90% das vendas sendo feitas pelos sócios.
- Alguns meses com alto faturamento e outros com baixo faturamento.
- 80% do faturamento vinha de um único cliente.
- Concorrentes mais capitalizados levavam boa parte das oportunidades de vendas.
- Clientes muito orientados a preço pedindo descontos para fechar.
- Um fluxo de caixa no vermelho, que ilustrava a possibilidade de a empresa fechar as portas.
- 100% dos prospects chegando até o site a partir de fontes pagas.

Ao analisar essa conjuntura, comecei a me perguntar se existiria uma forma mais eficiente de conquistar novos clientes; foi quando, pela primeira vez, me deparei com o conceito de Máquina de Vendas. Nesse momento, entendi que essa metodologia seria a solução para conseguir escalar o departamento de vendas.

Quando aprofundei meus conhecimentos sobre o conceito, entendi que a única maneira correta de criar um processo de vendas e marketing é concebê-lo **centrado no cliente**. Embora isso seja óbvio, acaba se mostrando radicalmente diferente da maneira como a maioria das empresas desenvolve seus processos, que em geral são feitos com base no que elas querem que aconteça (ou seja, centrados na empresa). Isso não costuma funcionar tão bem quanto o esperado, porque os processos não levam em consideração as preocupações e as motivações do cliente.

Construção da Demanda Infinita

Agora era hora de entender de fato o que meu cliente buscava, como ele tomava suas decisões e de que forma minha empresa poderia ajudá-lo a ter mais resultado. A maior parte do meu trabalho era auxiliar o cliente na compra.

Essa foi a primeira vez que implantei a Máquina de Vendas. Para entender a melhor forma de ajudar o cliente, levei em torno de 12 meses para fazer toda a mudança necessária e começar a ver os resultados. Na segunda vez, em 120 dias já vimos uma mudança radical. Atualmente, em 60 dias conseguimos estruturar uma equipe de alta performance.

É claro, conquistar esse crescimento não é fácil. Ao implantar essa metodologia, você aumentará as vendas, mas também precisará lidar com alguns desafios específicos. São eles:

- Garantir que seu processo seja centrado no cliente (em vez de centrado na empresa).
- Projetar um processo previsível, escalável, otimizado e eficiente.
- Fornecer instrumentação clara, mostrando o que está funcionando e o que não está.
- Fornecer uma compreensão clara de quais alavancas você pode usar para aumentar as vendas.
- Identificar gargalos e mostrar como resolvê-los.
- Reduzir o custo de aquisição de clientes.
- Garantir que o marketing esteja alinhado corretamente com o setor de vendas e ajudar diretamente a fechar negócios.
- Aumentar o fluxo de leads usando as mais recentes técnicas de marketing.

DEMANDA INFINITA

Ter uma Máquina de Vendas é o mais importante ativo de uma empresa que busca crescimento. Portanto, podemos constatar que as vendas são o ar que uma empresa respira; sem isso o negócio estagna e caminha para o declínio. A construção da Máquina de Vendas se divide nestas quatro etapas, que serão abordadas ao longo deste livro:

Figura 1.1: Funil de clientes

Construção da Demanda Infinita

Visão geral do processo de vendas
___

Uma pergunta que ouço muito é:

"Afinal, existe um segredo para o crescimento? Existe uma fórmula secreta que, quando aplicada, fará um negócio se tornar dez vezes maior?"

Minha resposta é sim, existe. Mas esse segredo dá trabalho e a forma de montá-lo não é óbvia. Entre as empresas que não conseguem crescer, um dos erros mais comuns que encontro é começar pela ferramenta. O que essas empresas demoram a perceber é que a construção da Máquina de Vendas começa sempre pela compreensão de quem é o cliente.

A partir dessa compreensão, o setor de vendas deve potencializar a geração de valor para o cliente e tornar mais eficiente todos os processos de marketing e de vendas.

A seguir vamos abordar as quatro etapas da máquina de vendas, o que será necessário para montá-la e o que fazer para cumprir e obter sucesso em cada um desses quesitos:

1. Desenvolver estratégias de crescimento

Para o bom funcionamento e eficiência da metodologia de Máquina de Vendas, é necessário criar uma estrutura de processos e ações que sustentem o constante crescimento do volume de leads qualificados da sua empresa. Trata-se de analisar historicamente todos os clientes para quem a empresa já

DEMANDA INFINITA

vendeu e, agora, para quem é mais interessante vender. Faça as seguintes perguntas:

- Qual cliente paga mais?
- Qual cliente compra com o melhor ticket médio?
- Qual cliente tem menos objeções e compra mais rápido?

Compreenda em que posição você está inserido no mercado e qual é o seu *Ideal Customer Profile* (ICP — cliente ideal); sem saber o ICP, não há Máquina de Vendas. Se você ainda não sabe qual é o seu, no Capítulo 2 teremos uma seção sobre a definição do cliente ideal.

Ao definir seu ICP, especialize-se. Qual é o seu diferencial competitivo e por que você é a melhor opção para esse cliente? Torne-se muito bom em resolver um problema específico para um tipo particular de cliente.

Ao solucionar bem os problemas de determinado cliente, você vai gerar interesse em outros que estão lidando com a mesma questão. Concentre-se em resolver apenas o problema dos seus clientes-alvo.

Mas como fazer isso? Domine o seu nicho! A partir da sua atual base de clientes, classifique seus nichos potenciais e note se é possível identificar as pessoas desse nicho, qual o seu diferencial e como sua solução pode ser única.

Ao validar o problema importante que está tentando resolver, não deixe de vender sua solução. Com isso, inicie um programa de geração de leads nesse nicho. Escolha o nicho em que você já possui seu cliente ideal e entenda quais são o melhor modelo de vendas e a melhor estratégia de geração de demanda para ele. Você deve enviar um vendedor? Fazer contato por telefone? Como gerar demanda? Inbound ou

Construção da Demanda Infinita

outbound? Juntos são a base para a construção da máquina de vendas.

A ordem ideal para a empresa organizar suas ações e seu foco é:

CLIENTE > POSICIONAMENTO > CANAL DE AQUISIÇÃO

2. Construir tração

Como produzir a quantidade de clientes para bater a meta? A tração é um medidor de demanda, e está diretamente relacionada à criação da Demanda Infinita.

Se quero fazer 100 vendas a uma taxa de conversão de 10%, eu preciso encontrar 1 mil clientes. A tração responderá de que forma a empresa pode conquistar esses 1 mil consumidores todo mês.

O canal de aquisição será por inbound ou outbound? Mídia paga? Quando essas questões são definidas, você consegue sistematizar a quantidade de leads que precisa.

O grande erro da maior parte das empresas é trabalhar para criar a tração de forma limitada, visando à exata quantidade de leads que necessita. Quando olho para o conceito da Demanda Infinita, trabalho com uma ideia abstrata, esqueço de quantos leads preciso e foco como escalar isso para sua capacidade máxima.

Entenda que tração é dominar a aquisição de clientes, ou seja, atrair a quantidade de clientes que são necessários para que a empresa bata a meta. Basicamente, é entender e dominar a forma de adquirir novos clientes de modo escalável e previsível.

DEMANDA INFINITA

Compreender quais são e como funcionam os seus canais de tração permitirá a você dimensionar e escalar a empresa. Por exemplo, se efetuar vendas para empresas B2B, seus primeiros grandes fechamentos de contrato podem ser indicadores de tração.

É necessário que sua tração tenha um indicador claro, que deve ser acompanhado. Muitos pensam que os produtos se vendem sozinhos, mas é um engano pensar assim. Para crescer consistentemente, um negócio precisa de uma abordagem sistemática, como um método a ser seguido para atrair cada vez mais clientes.

Não se trata de receita de bolo, fórmula mágica ou bala de prata, mas seguir um plano e uma metodologia ajudará você a poupar tempo e dinheiro. Isso pode ser visto com mais detalhes no livro *Tração*, de Gabriel Weinberg e Justin Mares, que trata sobre a importância de saber contatar e atrair os clientes por meio dos canais corretos, dividindo o tempo entre o desenvolvimento do produto e a geração de demanda.

3. Sistematizar as vendas

Após entender quem é o cliente ideal, é hora de sistematizar a maneira de vender. Quando há vendedores que vendem muito e outros pouco, é possível identificar que a habilidade de vendas está na mão do vendedor e não no processo.

Meu objetivo é elevar a demanda. Para isso, é necessário que haja um padrão entre o tipo de atendimento dos vendedores, para que todos atendam o cliente da mesma maneira. Portanto, tenha em mente algumas perguntas que podem guiar o atendimento:

- Quais perguntas fazer durante a primeira reunião?
- Quais perguntas fazer durante o diagnóstico?

Construção da Demanda Infinita

- Quais perguntas fazer na apresentação da proposta?
- Quais perguntas fazer no momento da negociação?

Aqui na minha empresa, a Growth Machine, usamos duas ferramentas que nos ajudam muito nessa etapa: o Kanban Prospect e o Sales Model Canvas, que contribuem para o processo de prospecção e para a construção do processo de vendas.

O objetivo da sistematização das vendas é transformar o objeto da prospecção em cliente e, ao longo das diferentes etapas do meu processo comercial, organizar a forma como ele é qualificado nesse processo até o momento da compra.

Portanto, a empresa deve focar a sistematização do atendimento comercial e a garantia de que todos os vendedores têm o método de atendimento padronizado. Lembre-se: quanto mais repetitivo for o processo, mais eficiente ele se torna. Se a empresa lida com perfis de clientes diferentes, ela precisará atender cada um de uma maneira diferente; mas, quando o ICP estiver definido, assim como o processo de vendas, todos devem ser atendidos da mesma forma.

4. Aplicar tecnologia para escalar

Nesta etapa o foco é usar a tecnologia para estruturar o processo. No entanto, é aqui que muitas empresas erram. Muitas organizações querem contratar ferramentas de CRM (*Customer Relationship Management* — "Gerenciamento de Relações com o Cliente", em tradução livre) como o Zoho CRM; e pensam que isso solucionará todos os seus problemas. É essencial entender que, se não há processos, não adianta usar a ferramenta. O primeiro foco deve ser o processo, depois a aplicação da ferramenta.

Aquilo que ficar definido nas etapas anteriores deve ser configurado e parametrizado dentro dos softwares, assim a

DEMANDA INFINITA

empresa pode ter acesso aos indicadores para entender se os processos estão funcionando como deveriam.

Sistematize e faça a previsibilidade. O que o software faz é tornar o fluxo repetitivo. Ele garante que você mantenha a frequência de suas atividades, como postar no LinkedIn, fazer lives no Instagram, entre outros. Quanto mais você entende o seu cliente e a necessidade dele, mais eficiente se torna esse processo e mais consistente sua imagem se mostra. Domine sua geração de demanda e sua empresa escalará.

Use a tecnologia para ir mais longe! Atraia o cliente certo:

- Crie tração para o volume que você precisa.
- Sistematize e utilize a tecnologia a seu favor.

Na Growth Machine, consegui dobrar meu tráfego produzindo volume de conteúdo de qualidade para alcançar meu cliente ideal. Usei uma junção que deu certo: estratégia, conteúdo e automação. A tecnologia e suas ferramentas só farão sentido se você tiver cumprido com êxito cada etapa do processo de construção da máquina.

A pessoa que me falou pela primeira vez sobre as etapas da Máquina de Vendas foi Edson Rigonatti, e um tempo depois tive um bate-papo com ele em um vídeo, que está disponível no QR Code abaixo:

Não deixe de conferir!

Construção da Demanda Infinita

Por que 90% das empresas não têm sucesso na geração de demanda

A equação que torna uma empresa grande é uma combinação de:

MERCADO GRANDE
+
MODELO DE NEGÓCIO DIFERENTE E EFICIENTE
+
UMA GRANDE CAPACIDADE DE DISTRIBUIÇÃO

Mesmo que você tenha encontrado um grande mercado e tenha adotado um modelo de negócio que permite à sua empresa sair na frente dos concorrentes, tenha em mente que o maior desafio de uma organização é superar o abismo da distribuição aos adotantes iniciais para conquistar o meio do mercado. Esse tema foi muito bem abordado no livro *Atravessando o Abismo*, de Geoffrey Moore.

Uma distribuição eficiente implica tomar muitas decisões. Qual canal adotar? Usar estrutura própria ou de parceiros? Para que área direcionar os investimentos em marketing? Como conseguir conquistar uma proporção eficiente entre valor investido e receita gerada? Todas as variáveis tornam o crescimento muito difícil de alcançar.

DEMANDA INFINITA

Cada uma das disciplinas do crescimento envolve dominar um conhecimento. Nesse ponto entra algo chamado *curva de aprendizado*. Lembra quando você aprendeu a andar de bicicleta? Primeiro você teve a ajuda de alguém o segurando, depois andou apenas com as rodinhas, então tirou uma das rodinhas e andou apenas com uma, até que finalmente andou sozinho e sem as rodinhas. O aprendizado no setor de vendas funciona de forma semelhante — aos poucos e com evolução constante.

A melhor forma de dominar a ciência por trás da distribuição é entender o Funil do Conhecimento. Existem três estágios distintos da compreensão de um crescimento que precisamos dominar; esses cenários se apresentam como as bicicletas da infância:

Construção da Demanda Infinita

Primeiro Estágio: **Mistério**

Nesta etapa a empresa não compreende bem como as coisas são feitas, ela conhece apenas o resultado final. Esse primeiro estágio do Funil do Conhecimento é onde a maior parte das empresas está, elas não conhecem as variáveis que fazem as vendas acontecerem, portanto têm pouca capacidade de influenciar.

O departamento de vendas e marketing que estão no estágio do Mistério normalmente registram as vendas de modo uniforme, apresentando meses com resultados positivos seguidos de meses com resultados negativos.

Essas empresas não instituíram um processo claro de geração de oportunidades e atendimento ao cliente, o que as torna dependentes dos relacionamentos do fundador e da habilidade de poucos vendedores que conseguem trazer resultados.

Um forte sinal de que você pode estar nesse estágio é o fato de não conhecer seus números e não saber de que forma um novo cliente chegou até a sua empresa.

O maior problema do Mistério é que, enquanto estamos nesse estágio, não desenvolvemos conhecimento, consequentemente cometemos o mesmo erro mês após mês. Como não existe uma evolução, a empresa pode ficar aprisionada eternamente nesse estágio.

DEMANDA INFINITA

Segundo Estágio:
Heurística

O segundo estágio do funil é a Heurística. Por mais que o fluxo de trabalho não esteja 100% dominado nesta etapa, você começa a compreender quais são as variáveis implicadas no resultado.

Durante a Heurística você entende que, a cada 100 ligações, você consegue falar com 40 potenciais clientes; a cada 40 ligações, 20 clientes se tornam uma oportunidade qualificada; e a cada 20 oportunidades qualificadas você consegue fechar 2 vendas.

Nesse momento já vemos uma estrutura de processo de vendas e entendemos que é possível otimizá-lo. Porém, não fica muito claro como dar esse próximo passo.

Ainda durante a Heurística existe uma visão mais clara dos problemas e dos gargalos do processo, e um empenho constante em realizar a otimização. Nesse estágio, as organizações ficam continuamente construindo planos de ação e buscando novas hipóteses de ganho de produtividade.

Quanto mais otimizamos e mergulhamos nos processos, mais linear se torna o resultado. Consequentemente, maior é a possibilidade de ganho de produtividade dentro da operação comercial.

Construção da Demanda Infinita

Terceiro Estágio:
Algoritmo

Neste estágio o departamento de vendas e marketing se torna uma linha de produção, com resultados e produtividade previsíveis e lineares. Poucas empresas chegam a esse nível de excelência. No entanto, uma vez alcançado, o crescimento está 100% sob controle.

Os algoritmos são processos regulares de produção. Eles garantem que, caso não ocorra intervenção ou completa anomalia, ao seguir determinada sequência de passos definidos será possível chegar a um resultado específico. Nesse momento, o departamento de vendas funciona como um sistema que processa em uma velocidade linear.

Uma característica forte de uma organização que chegou até o estágio do Algoritmo é o fato de mais de 80% do time estar batendo a meta. Outro ponto é o período de *ramp-up*, em que, com o algoritmo dominado, novos vendedores levam menos tempo para chegar até a sua meta.

O Algoritmo é a sistematização da Heurística, a comprovação da resposta idealizada/prototipada. Diferentemente do estágio da Heurística, o Algoritmo garante o resultado esperado a partir da execução dos passos sistematizados de resolução do problema especificado.

A grande meta da estruturação da máquina de vendas é tornar o setor comercial uma linha de produção. E usar todos os recursos para deixar essa máquina o mais alinhada e eficiente possível.

DEMANDA INFINITA

Como se preparar para a Demanda Infinita

Uma vez compreendido o conceito de Máquina de Vendas e como construir tração, o próximo passo é desbloquear a escala. Como faço para entregar cem vezes mais resultado com o mesmo esforço?

Normalmente, ao falar sobre estratégia de geração de demanda, as pessoas focam conquistar escala **ou** eficiência. A grande provocação que faço é: **e se eu quiser os dois?**

Em nossos projetos de acompanhamento de cliente, com muita frequência conseguimos quintuplicar o número de oportunidades mensais. Como conseguimos isso? Com uma simples mudança: colocamos o gargalo para definir a produção.

Só é possível criar Demanda Infinita entendendo seu nicho, identificando alavancas e otimizando frequentemente. O principal motivo das empresas estagnarem seu crescimento não é uma dificuldade de investir na geração de demanda, e sim por não terem sucesso em seus investimentos.

Imagine que esteja começando um novo projeto. Você contrata uma agência, um software de marketing, um consultor, trabalha duas vezes mais e, no fim do ano, obtém o mesmo resultado que tinha antes de todo o investimento.

A minha pergunta é: o problema está em seu processo de crescimento? A resposta é não. O problema está em não confiar no processo e nos investimentos que você fez, e pelo fato de não ter visto resultado com todo o esforço que teve.

Na metodologia da Demanda Infinita propomos diminuir drasticamente as possibilidades de fracasso e focamos as maiores alavancas, que permitem obter resultado no menor tempo possível. Em vez de se esforçar durante um ano e só no final disso descobrir se deu certo, faça algo que gere resultados amanhã.

Esse deve ser o foco se você quer chegar até a Demanda Infinita. Nossos objetivos mais importantes são o aprendizado e a crença. Ao ver resultado, você passa a confiar mais, a intensificar seu investimento e, consequentemente, a ver seu retorno escalando.

De qualquer forma, é necessário intercalar entre ações de curto prazo e ações estruturais, pois somente a combinação dos dois entregará resultado perene e diferenciação estratégica.

Ache as frutas baixas primeiro

Se está lendo este livro, acredito que você está implantando ou se preparando para implantar sua Máquina de Vendas. Neste ponto, existe um erro muito comum cometido pelos gestores de vendas.

Existem diversas variáveis que determinarão se o seu departamento comercial se tornará eficiente ou será mais um projeto em que muito dinheiro foi investido e nenhum resultado foi colhido.

DEMANDA INFINITA

Vamos refletir: por qual motivo é tão difícil ter sucesso na implantação de uma Máquina de Vendas? Por qual motivo vemos mais empresas falhando na implantação da máquina de vendas do que tendo sucesso?

A resposta é simples: **FOCO!** É muito comum gestores de vendas tentarem fazer tudo de uma vez. Investir na implantação de um software CRM, na construção de um novo site, na contratação de mais profissionais, no departamento de marketing... Tudo ao mesmo tempo. O que acontece quando o gestor faz isso é a implantação da sua Máquina de Vendas com diferentes frentes, assim ele espalha a sua energia e acaba tendo mais complexidade, mais falhas e menos resultados.

Como modificar essa abordagem? Gosto muito de fazer uma analogia com colher maçãs em um pomar. Você pode colher a maçã que está no alto da árvore ou se concentrar nas que estão na altura da sua mão — é mais prático pegar as de baixo.

Por mais tentador que seja estruturar todo o seu processo de vendas de uma vez, você pode colher mais resultados ainda hoje ao modificar apenas seu script de ligação. Por mais que estruturar um novo processo de prospecção outbound seja uma excelente forma de alavancar sua geração de leads, revisar os assuntos dos seus e-mails pode aumentar o número de oportunidades na mesma semana.

Dentro do seu departamento de vendas existem, neste momento, muitas frutas baixas. Concentre-se nas pequenas vitórias, elas vão gerar tempo para você buscar as grandes. Tudo na metodologia da Growth Machine se baseia em achar aprendizados rápidos e resultados mais rápidos ainda. No lugar de tentar criar

Construção da Demanda Infinita

o processo perfeito buscamos criar protótipos, que nos permitem testar um conceito e validar uma hipótese. É assim com o Kanban Prospect e com o Sales Model Canvas.

Achar o seu perfil de cliente ideal também é uma base desse conceito. Em vez de vender para muitos clientes, a empresa foca a excelência no atendimento de um único tipo. Isso gera muito mais velocidade e eficiência na atuação no nicho.

Menos é mais. Será necessário focar poucas coisas que podem fazê-lo dobrar seus números. Pare agora o seu time e analise: quais são os maiores problemas? Onde estão as maiores oportunidades? Como transformamos um obstáculo em uma vantagem? Antes de começar seu projeto de implantação da Máquina de Vendas, encontre pequenas vitórias que motivem seu time e que ajudem a trabalhar de forma mais eficiente.

. . .

Framework Demanda Definitiva

O objetivo de uma Demanda Infinita é escalar sua geração de oportunidades qualificadas de forma exponencial. Para isso, é necessário dominar seu processo de prospecção, descobrindo formas mais eficientes de conquistar novos clientes.

A conquista de eficiência depende de dois resultados: aceleração do aprendizado e validação de hipóteses. Para alcançar

DEMANDA INFINITA

esses resultados, precisamos de uma abordagem muito semelhante à de um cientista: não executar os projetos de que mais gostamos, e sim priorizar os projetos com maior probabilidade de sucesso e maior impacto.

Assim, saímos de uma abordagem empírica, em que pouca racionalização é aplicada ao trabalho, e partimos para o uso de um modelo de aprendizado e execução. Passamos a trabalhar nesta ordem:

OBSERVAÇÃO > HIPÓTESE > TESTE

OBSERVAÇÃO

Nesta fase, analisamos nossas métricas e nossos resultados com o objetivo de encontrar oportunidades de otimização. Verificamos em qual segmento de mercado temos melhores números, menor ciclo de vendas, maior taxa de conversão e melhor ticket médio.

Em todo momento observamos nossa execução com o objetivo de identificar hipóteses de otimização.

Construção da Demanda Infinita

HIPÓTESE

Uma vez identificada uma hipótese, analisamos qual é a melhor forma de explorar essa oportunidade. Imagine que você identificou um segmento de mercado que hoje apresenta excelentes números, mas é muito pouco priorizado. A escola de negócio convencional falaria para desenvolver um plano de negócio, criar um time dedicado, estudar a fundo uma atuação e, depois de seis meses, começar a atuar no nicho.

Em vez disso, pensamos, qual é a forma mais rápida e barata de aprendermos se é possível explorar esse novo segmento?

TESTE

Agora é a hora de testar. Como podemos aprender rapidamente e gastando pouco? Quem melhor respondeu isso foi Eric Ries, em seu livro *Lean Startup*. Ele chamou esse método de MVP *(Minimum Viable Product — "Produto Minimamente Viável", em tradução livre)*.

Em vez de criar uma unidade de negócio, um site e um meio de comunicação, como podemos criar apenas uma página online, aplicar R$100 em anúncios e colher o feedback? Esse é o modelo mental necessário para quem quer chegar na Demanda Infinita e, a partir dos pequenos resultados, otimizar sua estratégia e sua execução.

DEMANDA INFINITA

Dentro da construção do projeto da Demanda Infinita, precisamos mergulhar na estratégia de negócio e encontrar as principais oportunidades. A partir dessa noção, passamos a usar a seguinte estrutura de trabalhos:

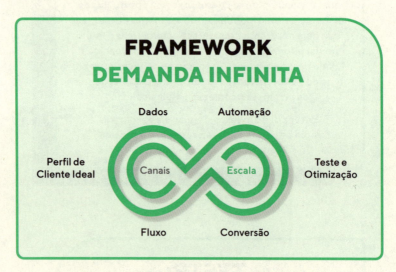

Figura 1.2: Framework de Demanda Infinita

Perfil de Cliente Ideal

Também conhecido como ICP, esse consumidor se encaixa no modelo de clientes que têm a situação e as características que mais estão de acordo com as soluções que a empresa pode fornecer. Definir o Perfil do Cliente Ideal é uma das etapas mais importantes no desenvolvimento da estratégia da sua empresa, que só estará pronta para crescer quando você entender qual é esse perfil.

As empresas que determinam o seu ICP obtêm maior renda, os clientes ficam mais dispostos a pagar mais por ingressos e permanecem mais tempo com a parceria. Assim, indiretamente, falam bem da marca e criam boas referências.

Construção da Demanda Infinita

Análise de Dados

A Análise de Dados consiste na transformação de números em informação, significado e, consequentemente, na resolução de problemas. Existem três princípios básicos que podem ajudá-lo a decidir como analisar dados, além de inúmeras ferramentas. São eles:

- **Exploração:** investigar os dados e/ou o processo com a mente aberta, apenas para ver o que você pode aprender.
- **Gerar hipóteses sobre as causas:** utilizar o novo conhecimento encontrado para identificar as causas mais prováveis para os defeitos.
- **Testar as hipóteses ou eliminar as causas:** utilizar os dados, experimentos ou mais análise do processo para verificar quais das potenciais causas contribuem significativamente para o problema.

Entre os dados que devem ser analisados estão: histórico de vendas, comportamento da base do cliente, perfil dos seguidores das redes sociais, comportamento dos visitantes, tráfego do site e outras informações relacionadas ao comportamento de compra dos clientes.

Fluxo de Cadência

É um plano sistemático que define e põe em prática uma série de interações que utilizam diferentes métodos de comunicação para aumentar as chances de contato com um cliente em potencial.

Um fluxo de cadência, portanto, é a organização e a execução desse plano de acordo com um ritmo predefinido de tentativas de contato e intervalos entre uma atividade e outra.

DEMANDA INFINITA

Muito útil para aumentar a produtividade do time de vendas, o fluxo de cadência garante que todas as oportunidades serão aproveitadas da mesma forma e que nenhum prospect será esquecido ou ficará sem um *follow-up*.

Automação

A automação é a prática de usar softwares e outras tecnologias para atuar em escala e aumentar os resultados de uma empresa. Por meio dela é possível identificar, monitorar e agir de forma personalizada com seu público, melhorando o relacionamento em geral e, consequentemente, as vendas.

Por exemplo, pense na rotina de uma equipe de marketing digital: toda semana eles precisam publicar conteúdo no blog para atrair novos visitantes. Em seguida, devem incluir essas publicações nas redes sociais e gerenciar todo o compromisso que elas geram. Além disso, precisam gerar contatos, ou seja, clientes em potencial para a equipe de vendas, então buscam capturar e-mails oferecendo um boletim de notícias.

Mas a equipe de vendas precisa de mais informações antes de entrar em contato com o consumidor, e é por isso que o marketing produz livros eletrônicos, webinars e planilhas que são disponibilizados após o preenchimento de um formulário. Por meio desse formulário a empresa consegue informações como site, telefone, área de especialização etc.

Conversão

A Otimização da Taxa de Conversão (CRO — *Conversion Rate Optimizations*) é uma maneira estruturada e sistemática de melhorar o desempenho de um site, extraindo mais tráfego que o endereço já possui. Portanto, é possível aumentar as conversões sem aumentar necessariamente o número de visitantes.

Construção da Demanda Infinita

Além do próprio site, páginas de entrada de materiais ricos, pedidos de teste e frases de chamariz também podem ser otimizados com a técnica.

Ao colocar esse conceito em prática, tomemos o site de um escritório de advocacia como exemplo. O site apresenta um link de contato na parte inferior da página e, com uma média de 2 mil visitantes por mês, recebe 20 mensagens durante esse período. Ou seja, apenas 1%. Sabendo disso, a equipe de marketing pode, em vez de tentar aumentar o número de visitas, tentar aumentar a taxa de cliques no link "entre em contato". Assim, o número de clientes aumenta mesmo que a média de visitas mensais se mantenha.

Teste e Otimização

Teste, teste e teste novamente. Escolha diferentes pedaços do seu processo de geração de demanda e teste-os. Avalie a performance. Como foram os seus testes? Utilize os dados e melhore o processo. Esse deve ser o objetivo.

Muitas vezes isso se traduz em testes de múltiplas ofertas diferentes. Assim, uma opção é colocar aquele CTA de cadastro de newsletter nos e-books e webinars. A velocidade do crescimento de demanda é diretamente proporcional ao número de testes e de otimizações realizados, logo a melhor campanha é aquela que foi mais testada e mais otimizada.

Canais e Escala

Para chegar à demanda infinita, é necessário identificar um canal de geração de demanda que permita o acesso ao seu cliente ideal. Existem muitos canais de aquisição que permitem a escalação, a questão principal não é qual o melhor canal de aquisição e sim qual o melhor canal para ter acesso ao seu cliente ideal.

DEMANDA INFINITA

Entre os possíveis canais, os mais explorados são:

- **Inbound Marketing.** Também conhecido como Marketing de Atração, é um método de publicidade digital que consiste em uma empresa se promover por meio de blogs, vídeos, redes sociais, e-books, SEO, entre outras formas de marketing de conteúdo. O inbound marketing se diferencia dos métodos tradicionais de atração de potenciais clientes pois não faz compras de espaços publicitários em meios como televisão, letreiros, telemarketing, rádio etc.

  Na prática, a empresa gera conteúdo de qualidade para conquistar autoridade na internet. A partir daí, os clientes são captados pelos assuntos que procuram e que, por acaso, fazem parte do site da empresa.

- **Outbound Marketing.** Ou Marketing de Interrupção, ou ainda Marketing de Saída, promove um produto por meio de relações públicas, promoções e vendas contínuas. É considerado uma versão irritante do método tradicional de fazer marketing, que é usado por empresas para encontrar clientes através da publicidade. (Curiosamente, o termo ambíguo "marketing de saída" às vezes é usado como um rótulo para o marketing de interrupção. Isso gera confusão, porque, no passado, o termo tinha um significado diferente, que era o de que informações sobre a capacidade do produto acabado estavam fluindo para potenciais clientes. Clientes que precisam, por exemplo, de comunicação de marketing benigna e marketing de produto.)

Construção da Demanda Infinita

- **Mídia Paga.** Mídia paga é uma estratégia usada para aumentar o alcance de uma empresa, de modo que ela conquiste objetivos e resultados em menos tempo. Essa estratégia consiste em promover diferentes materiais, como ofertas e publicações, em diferentes mídias. Portanto, o produto pode aparecer em banner, texto, link, imagem ou outro qualquer outro formato.

  O anunciante pode escolher qual plataforma exibirá seu anúncio, durante qual período e quanto investirá, além de analisar os resultados e os dados obtidos, como o número de visitas ou o escopo.

  Os resultados da publicação são proporcionais ao valor investido, ou seja, um alto valor gera uma alta conquista. Mas há outros fatores que influenciam isso, como uma boa orientação ou a escolha correta de palavras-chave, como veremos mais adiante.

  Portanto, os anúncios são flexíveis e variam de acordo com as necessidades da estratégia e o orçamento disponível.

· · ·

Oito formas de gerar mais leads

——

Antes de aprofundar ainda mais no tema "geração de demanda", é preciso definir exatamente o que queremos dizer quando falamos de leads.

DEMANDA INFINITA

Leads são, basicamente, clientes em potencial que manifestaram algum interesse em seu produto ou empresa e forneceram informações de contato que você pode usar para acompanhar mais informações. Você pode passar esses leads diretamente para o seu departamento comercial ou criar uma relação com eles usando um programa de marketing de conteúdo personalizado.

Por que é importante pensar em como gerar mais leads para seu negócio? Porque, se não estiver fornecendo à sua equipe de vendas um fluxo constante de potenciais novos clientes, estará fazendo um desserviço ao seu negócio. Nenhuma empresa cresce sem clientes e nenhum setor comercial tem sucesso sem uma geração de demanda relevante.

É bem provável que o maior benefício da geração de leads conquistado ao usar a metodologia da Demanda Infinita seja a capacidade de focar leads altamente qualificados por meio de segmentação avançada.

A seguir, procurei mostrar algumas oportunidades rápidas que permitem à empresa, sem muito investimento, ter um primeiro contato com a Demanda Infinita. Separei oito ações de baixa complexidade e investimento que podem ser aplicadas imediatamente no seu negócio para gerar demanda rapidamente.

1. Social Selling

Uma evolução no processo de vendas tradicional. Nesse método usamos as redes sociais para alavancar nosso alcance e nosso network. O LinkedIn, em especial, é uma rede que possibilita à empresa ter mais resultados em vendas usando estratégias como produção de conteúdo, network ativo e gestão de relacionamento.

Analise seus últimos clientes conquistados e se pergunte: o que eles têm em comum? Quantos funcionários sua empre-

Construção da Demanda Infinita

sa tem? O que eles estão fazendo hoje que tornou sua oferta relevante?

Agora que encontrou um padrão, utilize as buscas do LinkedIn para achar outras pessoas semelhantes. Se você é cliente da versão paga, é possível usar a ferramenta "Visualizar semelhantes", na qual pode achar outros usuários parecidos com seus clientes ideais.

Mesmo o LinkedIn sendo a principal rede B2B, você pode usar também redes como Facebook, Instagram, WhatsApp, Twitter e Telegram para escalar alcance e network.

2. Cold e-mail (em português, "e-mail frio")

É uma estratégia de prospecção que envolve entrar em contato por e-mail com alguém que não conhece sua empresa. Para esse tipo de estratégia funcionar é necessário estudar bem o mercado que você pretende abordar e entender as principais dores e frustrações. Muita gente critica essa estratégia, principalmente por ela ter uma baixa taxa de conversão, mas o volume alcançado é a chave da questão. Aqui na Growth Machine prospectamos quatrocentas pessoas por dia e esse foi nosso principal canal de aquisição no primeiro ano de venda. *Cold e-mail* é uma estratégia de baixo custo, que dá retorno rápido, mas, como toda estratégia, precisa ser otimizada e aprofundada. Aconselho estudar qual tipo de prospecção por e-mail faz mais sentido para o seu negócio e utilizá-la a partir das respostas recebidas.

3. Cold Calling

Também conhecida como "ligações frias", essa estratégia consiste em ligar para potenciais clientes com o objetivo de conseguir uma reunião. Fazendo o cálculo: uma chamada fria dura em média 15 minutos; um prospector fica em média 1h30 no telefone por dia e consegue gerar algo entre 2 a 6 reuniões,

DEMANDA INFINITA

dependendo do mercado e do processo. Se você não faz *cold calling* hoje, existe uma chance muito grande de estar deixando dinheiro na mesa, pois esse é o principal drive de crescimento das empresas que mais crescem no mundo.

4. Networking em eventos

Eu amo prospectar em eventos, primeiramente por ser uma estratégia de baixíssimo custo; em segundo lugar por ser possível sair com dez cartões de potenciais clientes sem muito esforço; e, por último, porque prospects em eventos tendem a estar buscando por solução (se não, o que ele estaria fazendo lá?).

A melhor forma de explorar um evento é listar os principais eventos do seu setor que estão acontecendo na sua cidade. Crie uma lista das palestras e das pessoas que você gostaria de conhecer. Depois, execute e se apresente com maestria, não se esqueça de levar seu cartão de visitas ou seu QR Code do LinkedIn; por último, defina uma meta para o evento, assim você saberá se a sua participação foi um sucesso.

5. Grupos e Comunidade

As comunidades e os grupos online concentram potenciais clientes que buscam informação. Portanto, saber explorar essa ferramenta é o verdadeiro ouro.

Analise no LinkedIn e no Facebook quais são as comunidades sobre o seu tema. É possível encontrar também grupos de WhatsApp com esse critério, mas isso requer um pouco mais de pesquisa na internet.

Agora, é fundamental entender as regras do grupo e não sair fazendo propaganda ou spam. Trabalhe para gerar valor e colaborar com o grupo; as oportunidades surgem naturalmente.

Construção da Demanda Infinita

6. Parcerias Estratégicas

Qual empresa atende o mesmo cliente que você e não é um concorrente direto? Entender quem são essas empresas possibilita a construção de parcerias estratégicas que permitem a você tanto complementar sua oferta quanto gerar novos prospects.

Esse modelo de geração de demanda é chamado de *business development* e consiste em criar alianças que fortalecem sua empresa.

Aqui na Growth Machine fizemos parcerias estratégicas com empresas como Zoho, Catacliente, entre outras, sempre com o objetivo de gerar oportunidades qualificadas e valor para nossos clientes e parceiros.

7. Presente Físico

Eu sei que pode parecer loucura, mas reflita: quando foi a última vez que você recebeu um presente por correio de um desconhecido? O que recebemos por correio normalmente são cobranças e propagadas. É justamente por isso que esse canal pode funcionar tão bem.

Liste dez empresas para as quais você gostaria de vender e descubra seus endereços pela internet. Agora, defina um presente físico que chamaria a atenção desse potencial cliente, pode ser uma caneca, um livro ou algo criativo — o objetivo dessa ação é a quebra de padrão.

Escreva uma carta à mão usando palavras como: "Admiro muito o seu trabalho e acredito que podemos ajudá-lo com [insira aqui benefícios que você gera] e resolver o problema/aumentar vendas/correr menos riscos..." Ao final da carta coloque um endereço de e-mail, um telefone e um link para agendar uma reunião.

DEMANDA INFINITA

Envie e espere as reuniões acontecerem. Se não acontecerem de imediato, faça follow-up perguntado se o presente chegou e se a pessoa gostou, o resto é consequência.

8. Palestra Gratuita

Esta é uma estratégia muito simples e eficaz. Busque por instituições que normalmente estão associadas a empresas dentro do segmento do seu perfil de cliente e ofereça uma palestra gratuita. Pesquise sobre tendências no mercado e problemas comuns que seu produto resolve. Por exemplo, se o seu produto é o blockchain, crie a palestra "Cinco fatos sobre o blockchain e como ele impactará a sua empresa" e a ofereça sem custos para os associados.

Quando realizar o evento, coloque iscas de geração de e-mail oferecendo conteúdo extra, como uma planilha complementar à sua palestra. Pode usar até mesmo a própria apresentação como isca. O objetivo deve ser conquistar informações sobre os participantes para poder prospectá-los após a palestra.

Na Growth Machine chegamos a converter entre 20% e 40% dos participantes de palestras como essa. Não se esqueça de criar um e-mail de agradecimento e de oferecer um valor antes de tentar vender, tanto durante o evento quanto nos primeiros contatos.

■ ■ ■

Construção da Demanda Infinita

Objetivos da Demanda Infinita

Em uma das empresas em que trabalhei, conheci um funcionário que era muito desmotivado. Todos os dias, quando faltavam quinze minutos para terminar o expediente, ele já começava a arrumar as coisas. Quando faltavam cinco minutos para o final, já estava com a mochila nas costas, pronto para sair, e ficava ali parado até dar o horário. Imagino que, na percepção dele, esses cinco minutos levavam muito tempo para passar.

Como tudo na vida, se você não possui um objetivo, ou um senso de propósito, é muito difícil se sentir motivado e insistir na construção de uma estratégia ou um processo. Quando você não define o que quer conquistar, é fácil se desmotivar ao longo dos obstáculos. Neste livro, consolido tudo que aprendi sobre geração de demanda e estratégias de prospecção, mas, para que você extraia o potencial de resultado que existe neste conteúdo, é fundamental que defina os resultados que almeja alcançar com a Demanda Infinita.

Por que contei essa história do meu colega de trabalho desmotivado? Certa vez ele me convidou para almoçar e, durante uma conversa, ele me perguntou: "Thiago, como você consegue fazer todos os projetos que faz, de onde tira tanta motivação?" Confesso que eu não sabia responder.

Mais tarde, refletindo, percebi que a minha motivação vinha do resultado que eu estava buscando, daquilo que eu esperava conquistar, e não do que estava executando. Ou seja, eu faço o que faço por estar sempre focado no meu propósito, no que almejo alcançar.

DEMANDA INFINITA

É necessário definir aonde quer chegar com o conhecimento deste livro. Onde você está hoje? Quantas oportunidades qualificadas está gerando por mês? Quanto pretende crescer? O quanto sua empresa se transformará se conseguir chegar na Demanda Infinita? Em quanto tempo quer fazer isso? Quantas pessoas precisa contratar para fazer isso?

Eu sei que você pode estar pensando: "Thiago, eu não tenho dinheiro para contratar ninguém agora." Acalme-se, vou contar uma história.

A Growth Machine, minha empresa, começou como um hobby. Em agosto de 2017 eu publiquei meu primeiro vídeo no YouTube, caso não esteja inscrito, pode se inscrever acessando o QR Code abaixo:

Inscreva-se aqui!

No início, quando não tinha dinheiro para investir, eu era funcionário de uma empresa e tudo o que podia gastar eram R$800,00 por mês.

Conforme foram surgindo projetos, palestras e consultorias, fui aumentado esse investimento, até chegar às mais de cem pessoas que temos hoje trabalhando com a empresa.

O objetivo deste livro é ajudá-lo a aplicar os mesmos conceitos que me permitiram escalar a Growth Machine até onde estamos agora. Aqui você terá acesso às mesmas estratégias e práticas utilizadas por mim nos últimos três anos.

Construção da Demanda Infinita

Neste momento o meu conselho é: conforme seu faturamento aumentar, com o uso da metodologia da Demanda Infinita, intensifique seu investimento. Não aumente sua retirada, não compre um carro importado ou qualquer outro luxo. Durante a escalada, foque o aumento da rentabilidade e a eficiência da empresa. Apenas depois de alcançar a alta performance você deve aumentar sua retirada, ou seus "mimos".

Defina onde está e aonde quer chegar, e construa marcos intermediários; assim você consegue acompanhar sua evolução e celebrar cada um dos avanços. Se hoje você gerar vinte oportunidades qualificadas, em quanto tempo quer chegar a cem, duzentas, ao infinito?

Em seu plano, que tipo de entregas você estabelecerá? Em que mês você criará o processo? Em que mês ele estará funcionando? Quando os resultados começarão a fazer a diferença? Além de definir as entregas, nunca perca de vista o que pretende conquistar e o propósito por trás dessa execução. Tudo isso ajuda a manter a motivação e a corrigir o rumo ao longo do caminho, sempre que necessário.

CAPÍTULO 02

Estabelecendo uma Rota

Foco no nicho

Antes de fazer sua Máquina de Vendas começar a funcionar com a prospecção outbound, primeiro você precisa definir seu público-alvo geral. E aí é só seguir estes passos.

1. **Depois de definir seu público-alvo:**

Filtre o grupo para determinar o Perfil de Cliente Ideal (ICP) e, em seguida, a Persona (também conhecida como Comprador). Essa sequência de etapas automaticamente o ajuda a estabelecer critérios de segmentação suficientes para construir suas primeiras listas de clientes. E consequentemente iniciar sua prospecção.

Se você ainda está no processo de adequação ao mercado do produto ou tem dados de clientes escassos e imprecisos, sinta-se à vontade para usar algumas plataformas, como blogs da comunidade do produto, Reddit, Quora e até mesmo a página "Clientes" dos seus concorrentes. Essas plataformas possibilitam formar um conceito inicial do comprador. Sem dúvida, uma faixa de público-alvo relativamente ampla é exatamente o que você precisa nesse estágio.

Depois de fechar cerca de quarenta ou cinquenta negócios (em um mundo perfeito seriam pelo menos cem), é hora de pesquisar sobre o segmento de mercado B2B, o que implica focar perfis corporativos, não pessoais.

Uma vez que tenha analisado todos os dados disponíveis, divida seus clientes em vários grupos de acordo com os pontos

DEMANDA INFINITA

comuns mais representativos. Encontre mais dados e detalhe-os, incluindo informações da empresa e informações sobre os próprios usuários finais: posição, tomada de decisões, função, nível de antiguidade etc.

Perfil ideal do cliente: **PRONTO!**

2. A próxima etapa exige uma pesquisa muito mais minuciosa:

Investigue os melhores casos de uso possíveis para um produto ou serviço (seu ou semelhante ao seu) e, desta vez, concentre-se na "personalidade" do usuário final

Entre em contato com esse usuário e peça o feedback dele. Na verdade, pesquisar usuários finais provenientes de outras empresas que correspondem mais ao ICP seria o passo perfeito. Desta vez, mude seu foco para traços de personalidade:

- Cargo e responsabilidades principais.
- Benchmarks profissionais/KPIs.
- Reação emocional às mudanças no fluxo de trabalho como resultado do uso do produto e os recursos mais e menos valorizados.
- Área de interesse relacionada ao trabalho.
- Informações demográficas básicas, incluindo formação profissional e educacional e padrão de comportamento do consumidor (por exemplo, a importância do contato de voz e pessoal como uma condição prévia para o rompimento de um contrato etc.).

Persona do comprador: **PRONTO!**

· · ·

Estabelecendo uma Rota

Tática de crescimento

___

Quanto é possível crescer nos próximos doze meses? Qual é a maior oportunidade dentro do seu segmento? O que você fará de diferente dos seus concorrentes para crescer mais rápido? Qual é o seu diferencial competitivo que permitirá a maximização dos resultados e diminuirá a necessidade de capital?

Para que você chegue mais longe e conquiste seus objetivos, as perguntas anteriores precisam ser respondidas. Ao desenvolver uma Máquina de Vendas, a maior meta é aumentar a eficiência. O pior trabalho que pode ser feito é atuar com excelência em uma função ou área que não deveria ser investida.

Aplicar o melhor processo de prospecção e de vendas em um mercado sem diferencial competitivo é como dirigir uma Ferrari em uma estrada de chão. Antes de construir a máquina precisamos definir a direção.

É muito difícil vender qualquer coisa. Por isso, a grande vantagem que pode ser implantada em um departamento de vendas é diminuir a complexidade. O setor de vendas é complexo, logo precisamos diminuir as variáveis.

Outro ponto é: quando olhamos algo com atenção, encontramos mais detalhes do que quando olhamos superficialmente. No mercado comercial, se queremos ser mais eficientes, precisamos ter menos funções. Fazer pouco com qualidade e eficiência é melhor do que fazer muito de forma superficial.

Em um trecho do filme *Perdido em Marte*, o ator Matt Damon encontra uma nave que pode tirá-lo do planeta vermelho, mas ela está com menos combustível que o necessário. Nesse caso, o

DEMANDA INFINITA

que o personagem faz? Diminui o peso do equipamento. Tira o bico, a janela e tudo que não é essencial.

Você precisa fazer a mesma coisa se quer montar sua Máquina de Vendas. Precisa fazer menos. Atender uma variedade menor de tipos de clientes, ter menos canais de geração de demanda. A palavra de ordem é **FOCO**.

No momento de definir a estratégia é muito importante entender:

- Quem é seu cliente ideal?
- De que modo ele toma decisões e faz compras?
- Que posicionamento é necessário assumir para ser a melhor opção para ele?
- Dentro da realidade da empresa, o quanto ela vai crescer?

O objetivo deste capítulo é ajudá-lo a definir qual rota seguir para chegar mais longe. A direção é mais importante do que a velocidade, então não poupe esforços para encontrar o caminho certo. Depois, mantenha-se ao máximo nele e não desvie a rota.

. . .

Perfil de Cliente Ideal (ICP)

Existem diversas definições do que é o cliente ideal. A que eu mais gosto é:

Estabelecendo uma Rota

"O melhor cliente para o seu negócio é o que gera mais lucro e para o qual é mais fácil vender."

Analise o gráfico a seguir. A partir dele é possível perceber que o pequeno varejo se destaca nas perspectivas "habilidade para ganhar" e "atratividade".

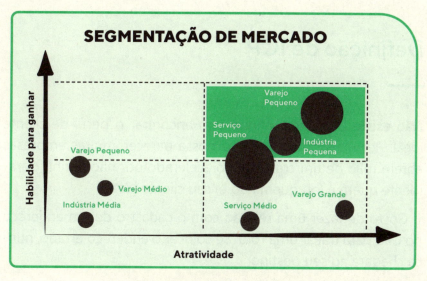

Figura 2.1: Gráfico de bolhas

Esse gráfico ilustra uma das várias formas que existem para definir o perfil de cliente ideal. Eu gosto muito de usar as perspectivas da *habilidade para ganhar* e da *atratividade* como critérios, pois:

- **Habilidade para ganhar** = Total de oportunidades geradas no segmento/vendas realizadas.
- **Atratividade** = *Lifetime* (tempo de vida) x receita recorrente mensal.

DEMANDA INFINITA

No entanto, de acordo com o seu tipo de negócio e com o seu mercado, você poderá utilizar outros atributos para definir seu ICP. O fundamental é que o critério ajude você a identificar e a priorizar o mercado ideal para obter mais resultados.

• • •

Definição de ICP

Não existe Demanda Infinita sem encontrar o perfil de cliente ideal. Por mais óbvio que isso possa parecer, muitas empresas abrem mão de um crescimento acelerado por não definir claramente quem é (ou quem não é) seu cliente ideal.

Gosto de fazer uma relação com o cadastro de um endereço no GPS para traçar uma rota. Se colocar o endereço errado, nunca chegará ao seu destino.

O mesmo acontece com a definição do cliente ideal. O seu departamento de vendas não funcionará em alta velocidade se você não pesquisar com muita atenção e determinar com clareza quem é seu cliente ideal.

Veja a seguir uma imagem da planilha de ICP. Nesta planilha você cadastra os dados de cada cliente e analisa quais e como se encaixam no perfil:

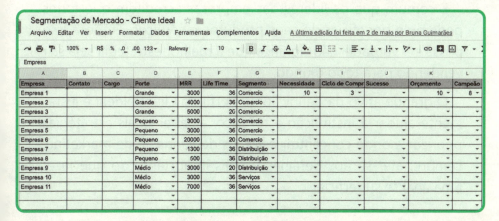

Figura 2.2: Planilha de ICP

Baixe a planilha ICP escaneando o QR Code

O objetivo desta seção é:

- Ajudá-lo a entender claramente o conceito do cliente ideal.
- Mostrar quais atributos procurar no cliente ideal e como defini-lo.
- Explicitar a maneira correta de validar se um perfil de cliente é o ideal para a sua empresa.
- Demonstrar como conectar os processos de prospecção e de venda com seu ICP.

É fundamental superar a definição do ICP antes de estruturar sua estratégia ou seu plano de vendas. Só podemos ajudar a empresa com base no primeiro processo.

DEMANDA INFINITA

É comum que os líderes das empresas acreditem que todos podem se beneficiar de seus produtos e serviços. Embora isso possa ser verdade, não significa que a melhor estratégia seja sair vendendo para todo mundo.

O grande ativo da definição do Perfil de Cliente Ideal é justamente ajudar a instituição a ter foco, a saber quais estratégias priorizar e onde concentrar esforços de vendas e de marketing. Lembre: ater-se aos detalhes é mais importante do que fazer uma análise superficial.

. . .

Atributos essenciais para encontrar o ICP

Existem cinco atributos essenciais que delimitam quem é seu ICP:

1. Necessidade

O quanto o cliente necessita da sua solução?

2. Ciclo de compra

Quantos meses seu cliente demora para tomar uma decisão?

3. Sucesso

Qual é o potencial de sucesso e o quanto seu produto transforma o seu cliente?

Estabelecendo uma Rota

4. Orçamento

Do ponto de vista financeiro, qual o grau de dificuldade do seu cliente para comprar seu produto ou serviço?

5. Campeões

O seu cliente divulga e fala sobre sua solução para outras pessoas?

■ ■ ■

Vantagens de definir o ICP

Ter uma imagem clara do seu ICP o ajudará a escolher os prospects corretos e manterá seu precioso recurso focado nos clientes com os quais você tem a maior probabilidade de sucesso.

Outra vantagem é que definir o ICP ajuda na construção dos seus processos de prospecção e de vendas. A única forma de construir um processo que o conecte com seu cliente é fazê-lo orientado a um nicho.

Imagine que você precise ligar para diferentes empresas para falar com o comprador da sua solução. Quando mudar de segmento, o responsável pela compra poderá estar em um cargo diferente, em um departamento diferente e com dores e necessidades diferentes.

■ ■ ■

DEMANDA INFINITA

Como identificar seu ICP

—

Agora que você já sabe a importância do ICP, resta uma pergunta: como identificá-lo? O primeiro passo nesse processo é simples: gerar segmentos de clientes candidatos. As duas abordagens de alto nível a serem consideradas levam em conta uma visão interna dos clientes existentes e uma visão externa do mercado.

A informação sobre os dados do seu ICP é muito relevante. Assim, sempre aconselhamos em nossos cursos e projetos de consultorias que a empresa faça uma análise do histórico de vendas e da base de clientes, na tentativa de identificar um padrão.

Analisamos os dados com o objetivo de identificar em que ponto existe uma maior concentração de receita, com foco em perspectivas de *porte* e *segmento*. Para agrupar os portes usamos a classificação do BNDES:

MÉDIA-GRANDE	300 mi > x > 90 mi
MÉDIO	90 mi > x > 16 mi
PEQUENO	16 mi > x > 2,4 mi
MICRO	x <= 2,4 mi

Figura 2.3: Tabela do BNDES sobre porte de empresas

Estabelecendo uma Rota

Para classificar o segmento de mercado, sempre aconselho que analise as características dos seus clientes, lembrando que o grande objetivo é estabelecer um nicho. Para encontrá-lo, definiremos o segmento de mercado em que a empresa conquistou mais clientes.

Criamos uma planilha que auxilia a identificação do seu perfil de cliente ideal. Depois de alimentar todos os campos, você obterá o gráfico de bolhas mostrado na Figura 2.1, criado em uma tabela dinâmica.

Nos estágios iniciais, gerar segmentos de clientes candidatos a partir dos clientes existentes será uma tarefa simples e trivial, pois o número de clientes que você tem ainda é bastante reduzido.

No entanto, à medida que sua base de clientes cresce e sua interação direta com cada um diminui, isso pode se tornar uma tarefa difícil. Por isso, a seguir disponibilizo diversas técnicas que podem ser utilizadas para gerar segmentos de clientes candidatos:

- **Analise os dados de registro de clientes disponíveis** para entender os atributos do cliente, como geolocalização, empresa, cargo, idade, sexo etc.

- **Aproveite os recursos de segmentação demográfica** da ferramenta de análise. Por exemplo, o Google Analytics pode indicar dados agregados sobre visitantes, idiomas, navegadores, dispositivos móveis, idade, sexo, palavras--chave de origem etc.

- **Pesquise sobre seus clientes com uma ferramenta** como Google Form ou Typeform, especificamente solicitando detalhes sobre sua função, empresa, título e caso de uso principal.

DEMANDA INFINITA

- **Entreviste representantes de vendas,** gerentes de contas, representantes de atendimento ao cliente ou outras equipes que estejam trabalhando diretamente com os clientes para entender os atributos do consumidor.

· · ·

Perspectivas do Mercado

—

Como dito antes neste capítulo, nos estágios iniciais você já tem alguns clientes dos quais pode extrair insights, mas esse número é provavelmente limitado. Nesse caso, concentrar-se em um exercício de mercado mais amplo pode ser mais proveitoso para gerar segmentos de clientes candidatos significativos. Algumas técnicas que podem ser proveitosas para essa atividade incluem:

- **Entrar em contato com especialistas do setor** para entender suas perspectivas sobre os clientes--alvo do seu produto.
- **Analisar sites de concorrentes,** materiais de marketing, fóruns de consumidores do seu produto, entre outros, a fim de determinar quem está consumindo e aproveitando suas soluções.
- **Realizar entrevistas com clientes potenciais** que fazem uso das soluções existentes no setor.

· · ·

Estabelecendo uma Rota

Atributos de segmentação

A próxima etapa é determinar os atributos mais significativos pelos quais você pode segmentar e agrupar seus clientes candidatos. Não há um conjunto único de atributos universalmente aplicáveis, pois essas características dependem em grande parte do seu mercado específico, da base de clientes e da categoria da sua solução ou produto.

Portanto, essa tarefa envolve realmente investigar e descobrir seus candidatos a clientes, determinar pontos de convergência e diferenças importantes e destacar os atributos mais significativos. Ao alinhar esses dados é possível fazer um esboço do seu cliente candidato.

	Oportunidades	Vendas	Taxa de Conversão
Indústria	100	29	29%
Comércio	90	20	22%
Serviços	33	19	58%
Atacado	29	10	34%
Distribuição	44	9	20%
Tecnologia	120	30	25%

Figura 2.4: Análise de dados por mercado

Alguns dos atributos de segmentação mais comuns incluem:

DEMANDA INFINITA

1. Caso de uso

O caso de uso específico para o qual deriva valor de seu produto ou serviço.

2. Papel

O papel ou departamento em que os atributos se inserem na organização ao adotar uma solução.

3. Informações demográficas

Os atributos demográficos típicos incluem idade, sexo, raça, nível de renda, nível de escolaridade, estado civil etc.

4. Informações da empresa

Atributos específicos da empresa focada, incluindo: setor, quantidade de funcionários, tamanho do departamento, modelo de negócios (B2B vs. B2C) etc.

5. Psicografia

Há atributos psicográficos específicos de clientes em potencial, incluindo coisas como disposição para experimentar novas soluções, características de personalidade, metas pessoais etc.

A etapa final é avaliar a atratividade de cada um dos segmentos de clientes com base nos atributos que você desenvolveu. Mais uma vez, a atratividade do segmento de clientes dependerá, em grande parte, da especificidade do negócio.

■ ■ ■

Estabelecendo uma Rota

Validação do Perfil de Cliente Ideal para a sua empresa

Esta etapa é a mais importante da estruturação da sua Máquina de Vendas. Nela você precisará validar se a hipótese criada está certa.

Pesquisa, estudos de mercados e levantamentos ajudam a aumentar a chance de sucesso, mas é na frente do cliente que você conseguirá efetivamente validar o negócio. Como diminuir o risco em nossos projetos de consultoria? Crie experimentos com o objetivo de validar o Perfil de Cliente Ideal.

Antes de direcionar o foco de toda a empresa para o perfil de cliente definido, o ideal é criar uma célula para testar a hipótese. Faça análises por um período de duas a três vezes o seu ciclo de vendas e estude como se comportam as suas métricas e se você está conseguindo ser mais eficiente nessa célula.

Antes de iniciar o experimento, defina quais são as métricas que, uma vez validadas, farão com que você direcione todo o foco do seu negócio nesse ICP.

Boas métricas para serem testadas são:

- Taxa de conversão.
- Ticket médio.
- Custo de aquisição.
- Ciclo de vendas.
- Número de oportunidades geradas dentro do cluster.

Prospecção e venda

Uma vez definido o ICP do experimento, o próximo passo é criar os processos de prospecção e de vendas dentro desse segmento. Para tanto, será necessário construir o processo de prospecção, a estratégia de conteúdo, o processo de vendas e o método de sucesso do cliente.

Na construção do seu processo de prospecção, uma ferramenta que pode ajudar é o Kanban Prospect. Com ele você entenderá qual abordagem será mais eficiente para esse tipo de cliente. Construa junto com o seu time o processo de prospecção utilizando o template do Kanban Prospect. A metodologia será explicada com detalhes mais à frente.

Baixe o template do
Kaban Prospect
escaneando o QR Code

Definidos o fluxo de cadência e o processo de prospecção, o próximo passo é escrever o cold e-mail e o script de ligação. Agora você criará a matéria-prima para seu fluxo de cadência, no qual você organizará tudo que precisa para ir atrás do seu cliente ideal.

Terminado o processo de prospecção outbound, seu próximo passo é criar o processo de vendas e, nessa etapa, o Sales Model Canvas pode ajudar.

Estabelecendo uma Rota

Tudo pronto! Agora é a hora de definir seus indicadores e criar um modelo de acompanhamento de resultados.

Medir, medir e medir... Somente assim será possível saber se você conseguiu achar a direção.

■ ■ ■

Jornada de compra do seu ICP

Lembra a última vez que você comprou um celular novo? Foi mais ou menos assim: você foi tirar uma foto ou instalar um novo aplicativo e descobriu que seu telefone não dava mais conta. Nesse momento você percebeu que tinha um problema, seu celular não podia mais atender você em um ponto.

Superada a frustração, você começa uma busca pela solução. Você pode desinstalar alguns apps, comprar um novo cartão de memória ou trocar de celular. Você toma a decisão de trocar de aparelho e, nesse momento, inicia uma pesquisa, tentando entender qual aparelho poderia atendê-lo melhor. Você lista algumas opções, analisa seu orçamento, se existe algum desconto na sua operadora de telefonia. Elimina algumas opções e escolhe o aparelho que tem os atributos que mais o agradam, certo?

O que acabei de descrever foi uma jornada de compra, que o seu cliente também percorre quando vai contratar seus produtos e serviços. Para ter uma máquina de vendas eficiente é necessário entender como seu cliente descobre que tem um problema e como ele toma sua decisão, o que pode ser dividido em quatro etapas bem distintas:

Figura 2.5: Etapas da jornada de compra

O que acontece é que você precisa ajudar seu potencial cliente a superar cada uma das etapas se pretende vender para ele. E para isso será necessário entender como seu cliente ideal passa por cada uma delas.

A melhor forma de compreender isso é conduzindo uma pesquisa e fazendo diferentes perguntas para entender cada uma das etapas. Lembre-se que o grande objetivo da Máquina de Vendas é influenciar seu prospect a tomar a melhor decisão para o momento atual, logo você precisa entender como ele evoluiu de uma etapa para outra.

Posicionamento insuperável

Você não precisa ser a melhor solução do mundo, você precisa ser a melhor solução para o seu Perfil de Cliente Ideal. A construção do posicionamento é o momento no qual você vai responder por que os clientes desse nicho devem escolher você no lugar dos seus concorrentes.

Acredite, mesmo parecendo uma tarefa absurdamente difícil, estar nichado é um grande diferencial competitivo. Ainda que dentro do mesmo nicho os grandes concorrentes terão dificuldades em competir com você. Já pensou nisso?

Para definir seu posicionamento, você deverá responder às seguintes perguntas

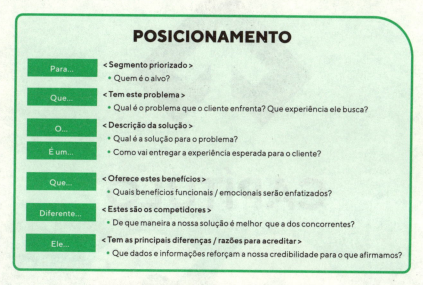

Figura 2.6: Template de Posicionamento

Baixe o Template de Posicionamento escaneando o QR Code

Com todas essas respostas prontas, a sua diferenciação fica clara. Eu sempre aconselho meus clientes a colocarem essas respostas na parede. É fundamental que todos os membros da equipe de vendas tenham a compreensão de que é dessa forma que a empresa se diferencia no seu mercado.

CAPÍTULO 03

Estratégia de Crescimento

Planejando suas metas

Não ter metas de vendas no departamento comercial é como fazer uma viagem e não definir o destino. Você precisa saber se está indo bem ou mal, se está dentro do esperado, se superou ou se o processo não está fluindo. Mas como não precisar cobrar vendas o tempo todo e não passar sufoco?

Antes de entender sobre metas de vendas, vamos ver que existem alguns mitos sobre definição de meta e a verdade é que poucas pessoas usam metas e as acompanham da forma correta.

É importante ressaltar uma diferença crucial: os objetivos tratam da descrição detalhada do que se pretende alcançar, enquanto as metas são definidas em cima de um prazo específico. Dito isso, prepare-se para receber uma visão completa do assunto meta.

Metas SMART

Você já deve ter ouvido falar das metas SMART, mas você realmente sabe como usá-las?

Pensando em ser mais efetivo em alcançar objetivos, Peter Drucker, considerado o pai da administração moderna, criou as metas SMART. Elas são dedicadas ao detalhamento das atividades que devem ser feitas para uma conclusão e são muito utilizadas em vendas para garantir que as metas sejam coerentes e façam sentido para o negócio.

A palavra SMART por si só significa *inteligente*, trazendo essa ideia para vendas. Afinal, por que não transformar a execução dos objetivos em algo mais eficaz? Daí temos:

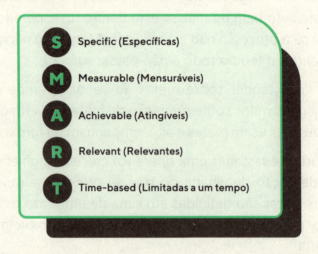

- **S** Specific (Específicas)
- **M** Measurable (Mensuráveis)
- **A** Achievable (Atingíveis)
- **R** Relevant (Relevantes)
- **T** Time-based (Limitadas a um tempo)

Imagine você, se cada membro do time souber como e quando executar cada ação, quão produtivo e eficaz pode se tornar o processo de alcançar objetivos. Esse é o papel das metas SMART. Elas chamam para uma ação e, consequentemente, alinham a produtividade.

Controlar vendas é algo impossível de se fazer, mas é possível controlar o número de ligações e de reuniões agendadas que seu time deve fazer para alcançar a meta. Por isso, o primeiro passo é definir o planejamento, sobretudo, ter objetivos claros de onde se quer chegar e quais medidas e ações precisam ser tomadas para que cada etapa seja alcançada.

Estratégia de Crescimento

Definição de metas de vendas

—

Elas vão nortear toda a sua estratégia de vendas, direcionar as ações do time e manter o foco no que precisa ser feito. Pensando em como potencializar a performance do seu time, trouxe quatro passos que você deve seguir se quiser manter o time focado e atrair crescimento:

1. Conheça o seu mercado

Comece por estas perguntas:

- Como é o meu segmento?
- Ele está aquecido?
- Estou nichado?
- Quem é meu maior concorrente?
- Há demanda suficiente sendo gerada por meu negócio?

Conhecer seu concorrente é importante. Mas conhecer seu ICP, como vimos, vai ajudá-lo a vender melhor e entender a quem sua solução de fato atende. Mapeie as objeções desse perfil, entenda que a maioria das vendas que você não fecha não é por conta da concorrência, mas por não ter sido gerada urgência o suficiente.

2. Saiba quais são os indicadores

- Como está a saúde do seu negócio hoje?

DEMANDA INFINITA

- Está precisando reverter meses a fio o caixa negativo?
- Quer aumentar o faturamento?

As metas vão estar alinhadas aos indicadores, sejam eles de melhorias para aumentar o faturamento ou diminuir riscos.

Se suas aspirações são elevadas, entenda que investimentos está disposto a fazer em seu negócio para alcançar metas que tornem isso uma realidade.

Faça um histórico das vendas dos últimos meses, acompanhe essas informações, valide o que deu certo e errado. Aquilo que você não pode medir, não pode ser melhorado.

3. Mensure a sua capacidade de entrega

Você investiu em treinamentos, estudou o mercado, entendeu o seu cliente e como sua solução pode ajudar. Elevou a receita e, agora, não consegue atender a todos.

As metas de vendas estão intimamente ligadas à sua capacidade de produção, mas também ao quanto você pode entregar.

Planeje metas que seu time possa atingir e entregar com qualidade e dentro do prazo para os clientes.

Seu cliente não quer a complicação, ele quer a transformação que a solução pode trazer. Se você o encantou e gerou compromisso, entregue.

4. Defina o quanto quer crescer

Estabelecer metas de crescimento é uma forma de ajudar você a entender o que tem feito e onde precisa melhorar para alcançar o objetivo. Aqui, precisa estar claro que as metas devem mensuráveis e específicas. Como assim?

Coloque em números o quanto você deseja crescer. Por exemplo, queremos aumentar as vendas em 50% até o fim do ano. A Growth Machine, em seu primeiro ano de vida, faturou R$1,2 milhão. E estabelecemos triplicar de tamanho em 2023, pelo quarto ano seguido. Estamos quase lá! Até o nosso time aumentou de tamanho e já estamos procurando por um escritório maior!

Fatores que atrapalham o time

No ímpeto de alcançar as metas você ou seu gestor cobra vendas a todo tempo? Já viu estas situações: *"Quantas vendas você já fechou? Cadê o cliente novo? Ou vende ou roda!"*

Confesso que por muito tempo também fiz essa besteira. Todos os dias eu cobrava o meu time sobre quantas vendas cada um havia feito. Àqueles que não performavam bem durante o mês, eu simplesmente aumentava a pressão e, consequentemente, eles se tornavam menos eficientes.

E, na verdade, colocar mais pressão é a coisa mais maléfica que você pode fazer. Se quer perder eficiência da sua operação comercial e não bater metas, faça isso. Simples assim.

Como tentar mascar chiclete enquanto se tenta resolver uma equação, percebi que esse método não ajudava. Felizmente a tempo de evitar um caos ainda maior.

Quando mudamos nossa postura, vimos o resultado explodindo. Entendi que só podia mexer no que estava dentro da minha zona de influência direta:

DEMANDA INFINITA

- Quantas ligações eram feitas?
- Número de oportunidades geradas?
- As propostas, os diagnósticos e os processos estão sendo seguidos?
- Alimentam o CRM?

No lugar de cobrar, eu ajudava; mostrava quais métricas intermediárias estavam faltando na ação para fechar uma venda.

. . .

Clareza sobre as ações

___

METAS = OBJETIVO + VALOR + PRAZO

Tenha clareza, veja o exemplo: *"Um cliente deseja diminuir os riscos de uma operação em 20% até o fim do semestre."*

Nesse exemplo, fica claro *"o quê"*, *"quanto"* e *"quando"*. São as três perguntas que você precisa ter em mente para estabelecer suas metas de vendas.

Crescimento não tem nada a ver com táticas mirabolantes, mas tem tudo a ver com processos. Sobretudo, gerenciar é atingir metas. Não existe gestão sem elas.

Mas você sabe como atingi-las?

Estratégia de Crescimento

- É necessário estabelecer padrões ou modificar os existentes.
- Gerenciar se trata de modificar padrões e cumpri-los.
- A padronização é o cerne do seu gerenciamento.

Uma gestão eficiente tem por objetivo entender as melhores formas de gerenciar a rotina comercial, para que a rotina não seja um eterno "apagar de incêndios". Sem garantir a eficiência do processo não existe padrão, se não existe padrão não é possível medir e sem medir não há como gerenciar.

O grande segredo de uma gestão comercial de sucesso está em saber como estabelecer um bom plano de ação para toda meta de melhoria. As suas metas de vendas precisam ser desafiadoras. Como?

- Devem ser baseadas no histórico.
- O time precisa sair da anatômica zona de conforto.
- Precisam ser atingíveis.
- Construa uma cultura de resultado.

Pode parecer simples, mas no dia a dia é possível ver como é fácil se perder em meio a tantas demandas e tarefas. Por isso, planeje, execute, valide e documente cada etapa. Assim, fica mais fácil para alinhar cada etapa da sua meta final.

CAPÍTULO 04

Método
Kanban
Prospect

Bem-vindo ao Método Kanban

Um dos grandes desafios de uma operação outbound é tentar se conectar com seus prospects no número de tentativas corretas, nem para mais nem para menos. Sim, chegar na frente das pessoas certas: esse é o grande desafio de uma campanha de prospecção outbound.

No entanto, o que acontece nas empresas é que os pré-vendedores (SDRs) e os vendedores, na maioria das vezes, cometem um destes dois erros: ou tentam demais e deixam o prospect irritado ou tentam de menos e desistem de excelentes oportunidades antes do tempo. Isso gera ineficiência, aumento de custos e inviabiliza operações inteiras de desenvolvimento de vendas (pré-vendas).

Existem muitos desafios para construir um fluxo de prospecção outbound que realmente engaje seus prospects. Dentre os desafios existentes vejo as maiores dificuldades em:

- Não explorar as necessidades reais do prospect.
- Não criar um discurso personalizado.
- Não trazer provas sociais que validam sua capacidade de resolver o problema.
- Intercalar diferentes canais de comunicação.
- Alinhar esforço e conversão.

DEMANDA INFINITA

- Testar e otimizar até chegar no melhor formato.
- Definir claramente qual é o Perfil de Cliente Ideal.

Com o sucesso do Sales Model Canvas, pensei: como posso ajudar as empresas a construir seus fluxos de cadência de maneira dinâmica, permitindo a colaboração entre gestores, SDRs e vendedores alinhada de maneira definitiva ao fluxo de trabalho?

Levei um bom tempo com essa ideia na minha cabeça até que surgiu, como em um estalo, a ideia de usar um Kanban nessa estruturação. A resposta para resolver todos os desafios na concepção de um processo eficiente de prospecção outbound foi o **KANBAN PROSPECT**.

O Kanban Prospect foi inspirado no Kanban inventado por Taiichi Ohno, em 1953, e significa "cartão visual". Ele normalmente é colocado em um envelope retangular de vinil, tendo Ohno o descrito como um nervo autonômico na linha de produção.

Seu grande objetivo é tornar a gestão mais visual, e foi exatamente esse meu objetivo quando o usei para desenvolver um fluxo de prospecção.

O que é o Kanban Prospect

Levei muito tempo para entender o que faz um fluxo de prospecção outbound funcionar e o que faz ele falhar. Esse aprendizado custa caro e leva muito tempo.

Método Kanban Prospect

Outro ponto importante é que, com o outbound em alta, a caixa de entrada de e-mail do seu prospect está cada vez mais concorrida. Logo, não existe mais espaço para amadores.

O Kanban Prospect é uma metodologia visual para construir um processo de prospecção outbound. Ele combina conceitos de design thinking, simplificação, pensamento visual e *lean*. Com todas as informações em uma folha e usando post-it, a construção se torna mais visual e, com isso, em pouco tempo conseguimos ver oportunidades e fraquezas no processo de prospecção.

Ele é sempre construído focado em uma empresa real, bem como em uma pessoa real — normalmente o comprador principal do mercado que será prospectado. É importante que as pessoas envolvidas na dinâmica já tenham tido contato com o prospect e conheçam suas dores, seus sonhos e suas ambições.

■ ■ ■

Growth Machine

⊞ KANBAN

🐾 Produto	Serviço 🐾	❤ Case de Resolução de Dores ❤	🐾 Case de Conquista de Sonhos 🐾
	4	5

Inbound ☐ Outbound ☐ Ticket Médio: _____

* Inbound - O cliente pede para falar com a sua empresa através de um formulário ou ligação telefônica (lead ativo) ou baixa um material rico, como um e-book. (lead morno)
* Outbound - A sua empresa vai atrás do cliente que não conhece a sua marca e que não estava esperando um contato seu.
* Ticket Médio - É calculado dividindo-se a receita total pelo número de vendas ou pelo número de clientes (em negócios recorrentes)

Meu cliente usa: 📞 Telefone ☐ ✉ E-m...

Exemplos de Cadência Outbound

Cadência Fundamental (3 X 3 X 3)	📞	in ✉	📞 ✉	📞 in	in ✉	☐
	Dia 1	Dia 3	Dia 5	Dia 7	Dia 10	

Cadência Transacional (5 X 3 X 1)	📞 ✉	📞	📞 ✉	📞 in	📞 ✉	☐
	Dia 1	Dia 2	Dia 4	Dia 7	Dia 10	

Cadência Relacional (3 X 4 X 4)	in ✉	✉ 📞	in 📞	✉ in	✉ in	📞 ☐
	Dia 1	Dia 4	Dia 7	Dia 10	Dia 14	Dia 18

	Dia 1	Dia ___	Dia ___	Dia ___
Pesquisa				
E-mail				
Ligação				
Social - Point				

Critérios de Qualificação & Red Flags

Critérios de qualificação: São os critérios necessários par...
Red Flags: Uma Red flag ou bandeira vermelha significa ...

....

🅭🅯🅭🅭🅭 **WWW.GROWTHMACHINE.COM.BR**

PROSPECT

NOME DO CLIENTE (ICP)

🛏 Sonhos 🛏	🧍 Dores 🧍	💥 Atividades 💥
3	2	1

📱 SMS ☐	💬 Whatsapp ☐	f Facebook ☐	📷 Instagram ☐	in LinkedIn ☐	🐦 Twitter ☐

Construção da Cadência

Dia__	Dia__	Dia__	Dia__	Dia__	Dia__	Dia__	Dia__	Dia__	Dia__	Atividades

prospect sejam qualificados, como por exemplo faturar mais de 2 milhões ao ano, ter mais de 200 funcionários ou usar um software X.

ciais problemas para uma venda, ou seja, uma característica em potencial que indica que o prospect não tem perfil para ser seu cliente, como por exemplo: ser uma microempresa ou ser um estudante.

Critérios de Qualificação	Red Flag

Página 01

DEMANDA INFINITA

O Kanban Prospect se divide em cinco blocos centrais:

- Identificação do cliente ideal (ICP).
- Canvas de valor da prospecção.
- Definição da estrutura da cadência.
- Construção da cadência.
- Critérios de qualificação.

As atividades desses blocos ajudam o time de prospecção a executar os passos necessários para chegar até o prospect e agendar reuniões para o time de vendas. Além disso, garantem uma padronização na sua geração de demanda.

Um ponto muito importante é que toda a elaboração do processo do Kanban Prospect será desenhada para um único ICP.

• • •

Identificação do cliente ideal

Neste bloco, deve ser colocado o nome de um cliente real que já tenha sido atendido ou que se pretende atender e que corresponda ao ICP que será prospectado. Isso quer dizer que toda a metodologia será trabalhada a partir desse cliente ideal definido.

Método Kanban Prospect

Agora vamos criar as perguntas de qualificação que serão utilizadas durante a ligação de prospecção. O objetivo dessa etapa é validar se o prospect que seu time está falando de fato está dentro do perfil de cliente ideal da sua empresa.

Quando falamos de qualificação, sempre analisamos alguns atributos:

- **Porte do cliente:** essa empresa está dentro do porte que costumamos ajudar?
- **Mercado do cliente:** ela é de um mercado que no passado já ajudamos?
- **Pessoa de contato:** pessoas com esse cargo historicamente compram da nossa empresa? Elas possuem poder de decisão?
- **Motivações e dores:** quais são as motivações e as dores comuns em prospects que se tornam nossos clientes?

Uma estratégia assertiva de definição de ICP é pensar nas respostas que você precisa ter para qualificar e só depois pensar nas perguntas.

Tenha atenção, pois algumas perguntas são delicadas de acordo com o mercado, como faturamento, problemas comuns e outras informações que são críticas para o seu prospect.

Use um post-it para cada pergunta e cole-o nessa parte do seu Kanban Prospect.

Canvas de valor da prospecção

Neste bloco são construídos todos os argumentos que ajudarão a escrever os templates de e-mail de prospecção e os scripts de cold calling e de *discovery calling*; a definir o posicionamento da empresa; a melhorar o pitch de vendas, dentre outros.

O bloco do Canvas de valor da prospecção é dividido em duas partes. No lado direito está a compreensão das necessidades do prospect e do lado esquerdo está a proposta de valor da solução.

. . .

Compreensão das necessidades do prospect

Durante esta etapa, são construídos todos os argumentos que ajudarão a escrever tanto os templates de e-mail de prospecção quanto os scripts de cold calling e de discovery calling.

O grande foco é mergulhar na necessidade do cliente, entender a fundo o que ele faz hoje, quais são seus sonhos e quais são suas dores. Um dos erros muito comuns na construção de um processo de prospecção é focar muito o produto ou as características da empresa. Temos que lembrar que vendemos para pessoas e só existe venda se houver dores e sonhos do outro lado.

Método Kanban Prospect

Em seguida as etapas que fazem parte da compreensão das necessidades do prospect.

- **Sonhos.** No campo "Sonhos", o objetivo é entender quais são os benefícios que o cliente espera, deseja ou pelo qual seria surpreendido, podendo ser utilidades funcionais, ganhos sociais, emoções positivas ou economias.

Perguntas para Auxiliar

- *Que economias fariam o cliente feliz?* (Ex.: economizar tempo, trabalho, dinheiro etc.)
- *O que faria o trabalho ou a vida do cliente ser mais fácil?* (Ex.: reduzir a curva de aprendizado, ter mais oportunidades de vendas, ter um menor custo de aquisição etc.)
- *O que os clientes estão procurando?* (Ex.: design bonito, garantias, conteúdo específico ou mais conteúdo etc.)

- **Dores.** Neste campo se descreve o que aborrece o cliente antes, durante ou depois de realizar uma tarefa para resolver um problema. Pode ser algo relativo às emoções negativas, aos custos financeiros ou aos riscos. Deve ser destacado também o grau da dor e a sua frequência.

Perguntas para Auxiliar

- *O que o cliente acha que demanda muito?* (Ex.: exige grandes níveis de esforço, custa muito dinheiro etc.)
- *O que tira o sono do cliente?* (Ex.: grandes questões, preocupações etc.)
- *Que erros comuns o cliente comete?* (Ex.: erros de uso etc.)

- **Atividades.** Este campo busca entender o cliente e a sua rotina. O que ele executa diariamente? Quais são as suas responsabilidades e as suas atribuições?

As atividades do cliente devem ter relação com a solução que será oferecida. Exemplo: se a solução ofertada é um CRM e uma das atividades do cliente é controlar o ponto de entrada e saída do seu time, essa atividade não deve ser listada, pois a solução não trará nenhum benefício para ela. Agora, se uma das atividades é gerenciar uma equipe de dez vendedores, essa atividade deve ser listada, pois o CRM trará benefícios.

O grande objetivo é entender o que o cliente tenta executar e onde ele gasta a maior parte do seu tempo. Uma boa dica é segmentar a frequência com que as atividades ocorrem, bem como a sua importância. Também é possível destacar um contexto específico em que a atividade é feita. Exemplos de tarefas: gerir um time de dez vendedores; gerar R$300 mil de receita por mês; gerar um relatório de desempenho; atender ao telefone (quando se está dirigindo — contexto específico).

Proposta de valor da solução

Após ter concluído o mapeamento do cliente e identificado suas necessidades e dores, seus ganhos e sonhos esperados, bem como as atividades realizadas, o próximo passo é direcionar a atenção à solução que será entregue (proposta de valor) com o seu produto ou serviço.

Os campos que fazem parte da proposta de valor da solução são:

- **Produto e Serviço.** Devem ser listados os produtos e/ou serviços que serão entregues e que gerarão os benefícios esperados pelo cliente. Caso a solução seja um software, por exemplo, podem ser colocadas as *features* (funcionalidades) que ajudarão o cliente a ter os benefícios esperados.

Assim como nos outros itens, é importante que seja qualificado o nível de importância da solução na ótica do cliente e a frequência de uso.

- **Case de Resolução de Dores.** Neste campo, devem ser descritas as dores do cliente que já foram diminuídas ou aliviadas com os produtos e/ou serviços descritos. O grande objetivo desta parte é transcrever os resultados gerados para os clientes objetivando produzir provas da eficiência da proposta de valor — os chamados cases de sucesso que ativam o gatilho mental da prova social.

A solução reduz ou elimina as emoções negativas, os custos, as situações indesejáveis e os riscos que o cliente experimenta ou poderia experimentar antes, durante ou depois de realizar as atividades listadas? Quanto mais tangível e numérico for o contexto, mais forte será a prova social.

DEMANDA INFINITA

Dicas para Reflexão

- *A solução produz redução de custos?* (Ex.: em termos de tempo, dinheiro ou esforços etc.)
- *A solução melhora a vida do cliente?* (Ex.: elimina frustração, coisas que dão dor de cabeça etc.)
- *A solução elimina riscos?* (Ex.: financeiros, sociais, técnicos etc.)
- *A solução ajuda o cliente a dormir melhor?* (Ex.: ao acabar com grandes preocupações etc.)
- *A solução limita ou evita erros comuns?* (Ex.: erros de utilização etc.)

- **Case de Conquista de Sonhos.** Este campo é sobre em que a proposta de valor já criou ganhos para o cliente, como foram criados e em que os clientes já foram ajudados com os produtos e/ou serviços.

Dicas para Reflexão

- *A solução reduz custos que fazem o cliente feliz?* (Ex.: em termos de tempo, dinheiro, esforço etc.)
- *A solução produz resultados que o cliente espera?* (Ex.: melhor nível de qualidade, mais de alguma coisa, menos de algo etc.)
- *A solução faz com que a tarefa ou a vida do cliente seja mais fácil?* (Ex.: curva de aprendizagem melhor, mais serviços, custo menor de aquisição etc.)
- *A solução faz algo que os clientes estão à procura?* (Ex.: bom design, garantias, mais funcionalidades etc.)
- *A solução produz resultados positivos que satisfazem os critérios de sucesso e de fracasso dos clientes?* (Ex.: melhor desempenho, menor custo etc.)

Com isso, termina o bloco "Canvas de valor da prospecção". Agora, tem-se um panorama de como a proposta de valor impactará o cliente, tornando mais fácil a construção da argumentação de vendas e de prospecção. Com as informações organizadas, agora fica muito mais fácil criar um e-mail de prospecção, bem como um script de ligação.

. . .

Definição da estrutura da cadência

Fluxo de cadência nada mais é do que um plano sistematizado de uma série de interações que utilizam diferentes métodos de comunicação a fim de aumentar as chances de contato com um potencial cliente (prospect). Neste bloco do Kanban Prospect, o objetivo é justamente este: definir qual padrão de prospecção será utilizado

Nesta fase da construção do Kanban, deve-se organizar um padrão a ser utilizado pelo time de prospecção com um ritmo predefinido de tentativas de contato e intervalos entre uma atividade e outra.

Montar um fluxo de cadência não é uma tarefa simples. O desafio é adequá-lo à realidade do Perfil de Cliente Ideal. E, dependendo da quantidade de prospects que serão abordados e do objetivo, será preciso ter um número maior ou menor de fluxos.

Em um fluxo de cadência de prospecção, o objetivo é falar com o potencial cliente da forma mais eficiente possível.

DEMANDA INFINITA

Estas são algumas dicas para a construção de uma boa cadência:

- Alternar ligações, e-mails, mensagens e interações sociais.
- Avaliar as características do mercado que será prospectado. Tudo que foi definido como dores e sonhos será explorado nesta estruturação.
- Cadências com mais ligações do que e-mails são mais agressivas.
- De acordo com o ticket médio, a cadência deve ter mais ou menos toques (tentativas de contato), pois eles ditam quanto tempo poderá ser investido em cada prospect.
- Geralmente, quanto maior for o ticket médio, maior será a cadência, pois vale insistir um pouco mais no prospect devido ao seu alto valor e devido à maior complexidade na venda.

Este bloco é dividido em três etapas: canais de aquisição, exemplos de cadência outbound e canais de abordagem.

1. Canais de Aquisição

Inbound ☐   Outbound ☐   Ticket Médio: _____

* Inbound - O cliente pede para falar com a sua empresa através de um formulário ou ligação telefônica (lead ativo) ou baixa um material rico, como um e-book. (lead reativo)
* Outbound - A sua empresa vai atrás do cliente que não conhece a sua marca e que não estava esperando um contato seu.
** Ticket Médio - É calculado dividindo-se a receita total pelo número de vendas ou pelo número de clientes (em negócios recorrentes)

Método Kanban Prospect

2. Exemplos de Cadência Outbound

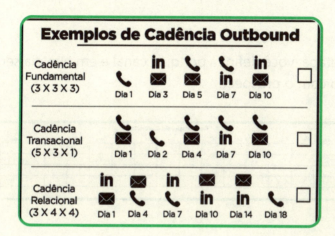

3. Canais de Abordagem

Os canais podem ser: telefone, e-mail, SMS, WhatsApp, Facebook, Instagram, LinkedIn ou Twitter.

E essa definição deverá vir da compreensão do comportamento da persona que será prospectada, ou seja, por qual canal a persona tem a maior taxa de resposta e maior receptividade a uma prospecção.

DEMANDA INFINITA

Construção da cadência

___

Nesta etapa, você definirá por qual canal e em que dia será feito contato com o prospect.

Construção da Cadência	Dia 1	Dia __	Dia __	Dia __	Dia __	Dia __	Dia __	Dia __	Dia __	Dia __	Dia __	Dia __	Dia __	Dia __	Dia __	Atividades
Pesquisa																
E-mail																
Ligação																
Social - Point																

Entende-se por *social-point* os contatos feitos por redes sociais, como WhatsApp, Instagram e Facebook. Quanto menor o ticket médio, mais rápida e com menos interações deve ser a cadência. Contudo, com um ticket médio elevado, a cadência pode ser mais longa e com mais interações.

Defina cada uma das tentativas e o espaçamento que você vai utilizar. Tickets médios baixos, normalmente abaixo de R$300, envolvem cadências de no máximo seis tentativas. Já tickets altos, normalmente acima de R$2 mil, permitem mais de 11 tentativas.

O importante nessa parte do seu Kanban Prospect é entender que, se você tiver poucas tentativas de contato, a chance de não conseguir se conectar com uma ótima oportunidade é muito grande. Ao mesmo tempo, se você tentar falar demais com um pequeno potencial cliente, existe um risco do seu custo de aquisição ser maior do que a receita gerada pelo cliente.

Ao final da construção, some todas as atividades e verifique se você está respeitando o número máximo de tentativas suportadas pelo seu ticket médio. Se estiver, seu processo de pros-

Método Kanban Prospect

pecção está quase pronto. Caso não esteja, significa que você precisa cortar atividades.

. . .

Critérios de qualificação e red flags

Neste bloco, serão definidos os critérios de qualificação utilizados para definir se um prospect tem ou não tem perfil para se tornar um cliente e/ou se está no momento da compra.

Exemplos de critérios de qualificação:

- Possuir um faturamento superior a X.
- Ter pelo menos Y vendedores.
- Utilizar uma tecnologia específica em seu software.
- Necessidade da contratação em no máximo Z meses.
- Dentre outros.

Além dos critérios, devem ser colocadas também as *red flags*. Uma red flag (bandeira vermelha), significa um indicador de potenciais problemas para uma venda, ou seja, uma característica em potencial que indica que o prospect não tem perfil para ser

DEMANDA INFINITA

seu cliente. Ao primeiro sinal de uma red flag no processo de prospecção, o prospect deve ser descartado.

Exemplos de possíveis red flags:

- Ser uma microempresa.
- Ser um estudante.
- Ser um órgão público (se não consegue entregar valor para órgãos públicos).
- Entre outros.

Sabendo quais são os critérios de qualificação e também as red flags, pode-se definir quais são as perguntas que serão feitas no momento da qualificação do prospect para entender se esta é uma oportunidade de negócio, podendo assim avançar para uma reunião com o time de vendas.

■ ■ ■

Como conduzir uma dinâmica para construir seu fluxo de cadência

A dinâmica do Kanban Prospect deve ser realizada depois que a empresa já sabe quem é o seu cliente ideal.

Com o cliente ideal bem claro, é o momento de agendar a dinâmica. Aconselho a usar um espaço aberto e dedicar de duas a três horas para o processo. Traga para a dinâmica vendedores,

Método Kanban Prospect

pré-vendedores (SDRs), coordenadores e demais membros que possuam conhecimento sobre o cliente.

Imprima o Kanban Prospect em uma folha A0 e compre post-its, canetas coloridas e fita crepe. Divida as equipes em até cinco pessoas por Kanban e deixe que uma pessoa seja o líder da construção, tendo o papel de facilitador.

Durante os trabalhos, divida cada um dos blocos em dez minutos. Após concluir a construção de um bloco, passe para o próximo. Concluindo essa etapa, faça com que os membros apresentem seu Kanban e estimule o debate. Ao final, dê um tempo para qualquer modificação.

Concluídas todas as partes do Kanban, gaste os últimos quarenta minutos consolidando o melhor de cada Kanban Prospect em um Kanban principal.

• • •

Como levar para sua operação

Concluída a construção, agora é o momento de transformar essas informações em e-mail, script de ligação e configurar seu software de cadência de prospecção. Tudo o que foi feito até agora serve como subsídio para essa etapa.

Todas as suas argumentações de prospecção estão no bloco da compreensão das necessidades do seu prospect, enquanto a quantidade de atividades foi definida no seu fluxo de cadência.

DEMANDA INFINITA

Uma vez concluídos os templates de e-mail e a estrutura de ligação, chega o momento de configurar sua ferramenta de cadência. Neste ponto, você criará cada uma das atividades individualmente.

Tudo pronto! Agora chega o momento de criar sua cadência, ligar cada uma das atividades e definir os dias da sua prospecção.

Dê uma última revisada se você reproduziu no seu software de cadência o mesmo que você definiu no seu Kanban Prospect.

* * *

Esqueça os templates de e-mail

Um erro muito comum que vejo empresas cometendo em suas estratégias de prospecção é adotar templates prontos em suas campanhas *cold email*. Cada mercado e cada cliente tem suas características, portanto quanto mais superficial for a sua abordagem por e-mail menor será a chance dela funcionar.

Os e-mails de prospecção outbound não servem para todos os tipos de cliente. Verdade seja dita, sempre que você altera o destinatário sua campanha de e-mail, precisa de um novo modelo.

Infelizmente, o mesmo modelo que trabalhou com tomadores de decisão em agências digitais não funciona com tomadores de decisão no mercado de RH.

Templates de e-mail, assim como scripts de ligação, servem como referência para construção dos seus modelos e nunca de-

Método Kanban Prospect

vem ser copiados e colados. O que faz um prospect responder a um e-mail é se identificar com o cenário apresentado para ele e consequentemente identificar que aquela pessoa que ele não conhece pode ajudá-lo de alguma forma.

Um modelo convencional de template de e-mail funciona mais ou menos assim:

> *Assunto: {Empresa do prospect} + {Sua empresa}*
>
> *Olá {primeiro nome},*
> *Aqui é o {nome do vendedor} da {empresa}.*
> *Nós trabalhamos com empresas como a {empresa do prospect} com {breve pitch da solução}.*
> *Acredito que nossa solução possa lhe interessar. Caso não seja você a pessoa certa para falar sobre {assunto da solução}, pode me direcionar com quem falar?*
> *Até breve,*
>
> *{assinatura}*

Genérico, superficial, sem nenhum valor para quem o recebe, facilmente ignorável e com baixíssima taxa de resposta.

Esses e-mails são como gremlins que se reproduzem e tomam as caixas de entradas dos gestores de empresa por todo o mundo. Sinceramente, eu não chamo isso de prospecção outbound e sim de "se queimar no piloto automático".

DEMANDA INFINITA

No lugar disso o que devemos fazer é estudar nosso cliente, entender quais são suas demandas, suas frustrações e suas necessidades não atendidas.

Após construir seu Kanban Prospect, você terá mapeado os principais pontos a serem explorados na sua comunicação, seus cases e provas que sua proposta de valor já ajudou no passado.

· · ·

Usando a linguagem do seu cliente

A máxima "você precisa falar a linguagem do cliente" se aplica para quem quer chegar à Demanda Infinita. Essa é uma das formas mais eficientes para conseguir a atenção do cliente.

- *Quais são as palavras que ele usa?*
- *Quais são as gírias do setor?*
- *Quais são os jargões que existem dentro do segmento que você está prospectando?*

Essas respostas ajudarão você a ser percebido como alguém que o cliente pode confiar, assim como vão criar uma percepção de que tem propriedade nesse segmento.

Durante o seu trabalho de pesquisa é muito importante que você perceba a maneira como o seu cliente se comunica. Quando construir o seu Kanban Prospect, é fundamental que você

Método Kanban Prospect

traga as palavras, as dores e os sonhos com a linguagem do seu cliente porque isso garante maior assimilação e, consequentemente, maior identificação e melhor eficiência no seu processo de prospecção.

Então não adianta você ir com jargões técnicos e termos muito específicos que o seu cliente não vai entender. Toda vez que nos deparamos com algo que não entendemos, nós ignoramos.

É muito importante durante o seu processo de construção — tanto do seu template de e-mail quanto do seu fluxo de prospecção e do seu roteiro de ligação — que você traga os termos usados pelo seu cliente potencial. Se ele é um cara mais erudito, mais culto, você pode falar de uma maneira mais requintada. Agora, se ele é uma pessoa mais simples, com menos educação, não vai funcionar em inglês.

O que é fundamental para todos durante o processo de prospecção fria? O objetivo é criar proximidade e identificação com o potencial cliente. Perceba o seguinte: quando você liga para uma pessoa que não conhece, normalmente existe uma certa distância; afinal para a pessoa que está do outro lado da linha você é um completo estranho. Quando começar a fazer rapport, explorar pontos em comum ou "quebrar o gelo", você passará uma mensagem de que existe algum tipo de semelhança entre vocês e o cérebro do seu potencial cliente começa a processar: "Essa pessoa é parecida comigo", "Aqui está alguém em quem posso confiar", "Esse cara é legal". É a mesma coisa no seu processo de comunicação. E isso vai refletir em toda a sua comunicação com o potencial cliente.

CAPÍTULO 05

Kanban Prospect na prática

Montando o seu Kanban Prospect

Agora é sua vez de montar passo a passo o seu Kanban Prospect. Porém o que é mais importante pensar quando se fala em construir um processo de prospecção outbound? Você tem que fazer o processo orientado à necessidade do seu cliente. Você tem que fazer o processo de maneira que ele tenha a seguinte percepção:

"Cara, essa empresa está preocupada em atender aos meus problemas."

Qual é o erro mais comum que acontece? Todo mundo quer falar de si, quer falar dos seus problemas. Só que o seu processo de prospecção deve ser sobre demandas, necessidades não atendidas, frustrações e sonhos que o seu cliente tem. Pensando nisso, eu montei a metodologia do Kanban Prospect para ajudar você a construir isso.

Mas, antes de construir o Kanban, você deve lembrar como ele é dividido. Você sempre começa do lado direito para o lado esquerdo. Então, primeiro de tudo você vai definir o nome do seu cliente, quais são as atividades que ele executa, quais são as dores que ele tem ao executar essas atividades e quais são os sonhos que ele gostaria de conquistar.

Após fechar esse bloco, você vai olhar para dentro de casa. O que você tem de oferta de produtos e serviços para esse cliente

DEMANDA INFINITA

potencial? Onde você já ajudou a resolver essas dores e onde você já ajudou a conquistar esses sonhos?

Descendo na planilha, você precisa definir se vai fazer o Kanban Prospect inbound ou outbound. Qual é o ticket médio que está perseguindo? Responder a essas perguntas definirá qual é o fluxo de cadência. Vai usar uma cadência fundamental, uma cadência transacional ou uma cadência relacional?

Depois desse ponto, construa seu fluxo de prospecção, que é de quanto em quanto tempo você vai usar cada um dos tipos de comunicação. Na parte de cima você vai marcar as ferramentas de comunicação que fazem sentido você usar para o seu cliente.

E, por último, você vai definir quais são os critérios de comunicação que fazem sentido usar como pergunta durante o seu processo de prospecção. O arquivo normal você pode imprimir no formato A1 para ficar bem didático.

Então, sem mais delongas, vamos construir um Kanban para você entender:

Passo 1: *Nome*

Primeiro de tudo, dê um nome para essa empresa que você está indo atrás. Pense em uma empresa que seja muito característica, um tipo que se repete muito dentro do seu processo de vendas.

Para que serve isso? Para que o seu time consiga se lembrar do momento em que eles falaram com o cliente; para que eles descrevam da maneira mais real possível. E tudo isso ajuda a ser muito mais eficiente durante o seu processo de prospecção.

Kanban Prospect na prática

Passo 2: *Lista de Atividades*

Definido o nome, é hora de partir para as atividades. Seu cliente:

- Puxa relatórios de ligações.
- Contrata vendedores dentro da empresa dele.
- Treina a equipe de vendas.
- Reporta resultados.
- Faz um controle sobre vendas.

Aqui são exemplos que você pode ter listado como as atividades que o cliente executa. Liste as atividades, pense no dia a dia dele e descreva a rotina do que ele faz ao longo do dia.

Passo 3: *Dores*

A partir do que se tem de atividades, surgem as dores. Que é o quê? É o cliente executar uma atividade e não conseguir ou não chegar a um resultado satisfatório, ou ainda gastar muito tempo para executar. Continuando a imaginar o cliente, o que ele teria de dor:

- **Não tem nenhuma previsibilidade dentro do processo de vendas dele.** Não consegue saber quanto vai faturar no fim do mês, tem mês que ele fatura bem, tem mês que ele fatura mal.

- **Tem pouco tempo para a família dele.** Como empreendedor, como um dono de negócio, ele gasta muito mais tempo no negócio do que com a família; ele fica muito mais tempo na empresa do que com a família; e isso faz com que ele fique frustrado por não ter tempo para a família dele.

DEMANDA INFINITA

- **Vê que o time dele não é produtivo.** Ele percebe que o vendedor trabalha muito para trazer pouco resultado. Ele percebe que o time dele tem poucos leads; eles precisavam ter mais oportunidades. Outra coisa que ele consegue perceber é que, por mais que se esforce, ele nunca bate a meta.

- **Gasta muito tempo para saber como está o pipeline.** Se vai ter venda ou se não vai; então ele não tem uma visão muito clara do processo dele.

Passo 4: *Sonhos*

Daí você segue para os sonhos. O que ele gostaria de conquistar?

- Bater as metas.

- Ter mais leads.

- Ter mais tempo para ficar com os filhos e com a esposa.

- Tirar férias mais vezes dentro de um ano.

- Ser uma referência; palestrar em eventos.

- Ter certeza de que o crescimento da empresa está sob controle.

- Ganhar prêmios.

Passo 5: *Produto/Serviço*

Então, o que você fez até aqui? Descreveu a rotina, as dores e os sonhos que um exemplo de cliente tem. Quando for escre-

Kanban Prospect na prática

ver um e-mail de prospecção, você vai usar essa estrutura para criá-lo. Agora, quando for olhar para dentro de casa, vai olhar para o que tem de produtos e de serviços dentro da sua empresa para ajudar o cliente a ser mais eficiente.

Caso eu estivesse analisando sob o ponto de vista da Growth Machine, o correto seria pensar como vou encaixar a minha oferta com aquilo que o cliente executa. Ou seja, de que forma eu torno a vida dele mais fácil.

E nesse caso eu teria:

- **Curso** *Demanda Infinita* — que vai ajudar ele a gerar muito mais leads, como você que está aqui agora.

- *Growth Day* — que é a nossa imersão de um dia, na qual ele vai ter contato com toda a estrutura da máquina de vendas.

- **Treinamentos** *in company* — com os quais vou lá pessoalmente na empresa do Carlos treinar ele.

- *Growth Lab* — que é a nossa imersão de um fim de semana, período no qual desenhamos todos os processos.

- **Programa** *Dobrando Venda* — em que ensino como ele faz para dobrar as vendas da empresa dele.

- *High Growth* — como chamamos a Consultoria da Growth Machine.

- *Inception* — que é a nossa imersão de um fim de semana dentro de um negócio para fazer com que aquela empresa fature muito mais.

DEMANDA INFINITA

Passo 6: *Case de Solução de Dores*

Ainda continuando com meu caso de um prospect da Growth Machine, o que eu tenho de case de resolução de dores:

- **Pipedrive:** aumentou o MRR em 30% depois que começou a trabalhar com a Growth Machine.

- **Establish:** conseguiu dobrar o faturamento em trinta dias depois de ir para um Growth Day.

- **Rupi:** o Guilherme agora consegue passar mais tempo com o segundo filho e ver ele crescer.

- **Inter Freight:** viu o seu ciclo de vendas.

- **Léo:** começou a dar palestras.

- **Megaleios:** conseguiu trazer muito mais vendas e está batendo todas as suas metas.

Passo 7: *Case de Realização de Sonhos*

Quanto a cases de resolução de sonhos:

- **Mister Print** viu seu faturamento aumentar em 15% após botar um fluxo de cadência.

- **Dale Carnegie** passou a ter vendas por outros canais sem ser indicação.

- **Inter Freight** conseguiu reduzir o ciclo de vendas de doze meses para um mês.

Kanban Prospect na prática

O que montei aqui? Um mandato de comunicação. Aqui tenho tudo o que preciso para construir o meu fluxo de prospecção outbound. Agora, consigo tanto saber que argumentos vou bater durante os meus e-mails de dor quanto os sonhos que vou criar, assim como de que forma vou criar provas sociais.

Passo 8: *Inbound x Outbound*

Certo, conseguimos desenhar a comunicação por completo, agora vamos descer. O fluxo deveria ser um fluxo inbound ou outbound? Bem, no meu caso estou montando um fluxo outbound. Então, vou mostrar o que é um fluxo outbound: fazer um "xizinho".

Passo 9: *Ticket Médio*

Qual é o ticket médio que estamos perseguindo? Bem, no exemplo da Growth Machine, por mais que a gente tenha produtos que começam em R$900 (na verdade em R$497), o nosso LTV buscado por cliente está na casa de R$15 mil. Então, mesmo sendo uma empresa que trabalha com *one shot*, estou falando de ir atrás de R$15 mil de receita.

Passo 10: *Cadência*

Durante a construção do seu fluxo de cadência é necessário alinhar o esforço de conexão com a sua capacidade de gerar receita para o cliente. Se o valor que você cobrar for inferior a R$1 mil recorrente mensal, será necessário aplicar em fluxos de cadência mais automáticos com menos ligações. Por outro lado, quanto mais complexa for a venda, e por consequência com valores cobrados superiores a R$1 mil recorrente mensal, mais você precisará investir em fluxo de atividade em diferentes canais, intercalando entre e-mail e ligação de forma que possa se dedicar mais no potencial cliente com objetivo de alcançar a conexão e falar com o decisor do outro lado. No fim do dia, precisamos entender que vendas é muito semelhante à matemática financeira, em que para ser economicamente eficiente preciso buscar um encaixe entre o esforço para falar com o potencial cliente e a capacidade de geração de receita.

Passo 11: *Canais de Abordagem*

Ok, mas o que seu cliente usa para se comunicar? O meu cliente hipotético usa LinkedIn, Instagram, WhatsApp, e-mail e telefone.

Passo 12: *Construção de Cadência*

Você pode, por exemplo, fazer pesquisa e e-mail no primeiro dia; segundo dia, ligação; no quarto dia, e-mail; quinto dia, mais uma ligação; e no último dia mandar um e-mail de "deal break".

Do lado dos dias, coloque cada dia de cada uma das atividades porque você vai usar isso durante a sua configuração da ferramenta. Depois, em meu exemplo, vou dar um intervalo de dois dias e vou para o quarto dia; vou dar um intervalo de mais dois dias e vou para o sexto dia; vou dar um intervalo de dois dias e vou para o oitavo dia; e vou dar um intervalo de dois dias, finalizando no décimo dia.

Dessa maneira montei o fluxo. "Thiago, o que vou fazer com esse fluxo?", você pergunta. Calma, que mais para a frente vou mostrar a você como é que se leva isso para dentro de uma ferramenta

Passo 13: *Critérios de Qualificação*

Agora só faltam os critérios de qualificação. Quais são os meus critérios de qualificação? Para uma empresa entrar no meu funil, primeiro ela tem que faturar mais de R$1 milhão por ano; segundo, ela precisa ter um processo de vendas que exige mais interação — a gente chama isso de vendas complexas; terceiro, ela deve ter mais de dois vendedores.

Passo 14: *Red Flags*

"Thiago, é só isso, não tem nenhuma 'red flag'?" Então, qual é a minha red flag? Não pode ser uma decisão internacional. Se a empresa toma decisão lá no exterior, vou gastar muito tempo prospectando e, no fim, tem uma chance de ela não me comprar.

■ ■ ■

Dúvidas do Kanban Prospect

—

"Thiago, no Kanban eu tenho a opção de escolher se vou fazer inbound ou outbound. Qual dos dois tenho que escolher?" Eu gosto muito de fazer uma analogia com pescaria. Quando você vai atrás de peixes menores é muito mais eficiente pescar com uma rede; você joga uma rede e traz muitos peixes. Quando você está indo atrás de peixes maiores não faz sentido usar uma rede, prefira usar um arpão.

DEMANDA INFINITA

Então, quando você vai montar a sua estratégia de Demanda Infinita, esta é a primeira coisa que precisa analisar: estou indo atrás de pequenas empresas ou de grandes empresas?

- Se você prefere prospectar empresas menores, a rede vai fazer muito mais sentido para você — escolha o inbound (estratégia em que você produz conteúdo para atrair as pessoas).
- Se você está indo atrás de empresas um pouquinho maiores — e não estou falando de empresas absurdamente grandes, mas de redes, de empresas que têm mais de cem funcionários — faz muito mais sentido escolher o outbound. Por quê? Quando a gente fala de uma empresa de um determinado tamanho, essa empresa já é muito mais localizável.

Outras dúvidas estão relacionadas ao tipo de cadência em si:

1. Fundamental

Se você prestar atenção, ela tem três ligações, três atividades sociais e três e-mails. Ela é uma cadência mais escalável. Um SDR nessa cadência consegue cuidar de mais empresas por mês porque uma parcela do trabalho dele pode ser automatizada. Quando a gente fala de usar uma cadência fundamental, estou falando de ir atrás de empresas menores, é uma cadência de volume maior. Assim, eu prospecto muita gente para ter uma conversão baixa e conseguir trazer oportunidades.

2. Transacional

É uma cadência que tem muita ligação. Então você tem cinco ligações, três e-mails, um dia no qual faz só uma atividade,

Kanban Prospect na prática

como trabalhar no LinkedIn. Ou seja, há previsão de cinco ligações, três e-mails e um *social-point*. A cadência transacional é usada para negócios um pouco maiores, que permitem esse custo de muito esforço de ligação. Um SDR nessa cadência vai conseguir cuidar de menos oportunidades.

3. Relacional

É uma cadência que usamos para prospectar grandes empresas, grandes negócios. Ela tem como característica uma duração mais longa, na qual há mais espaçamento entre as tentativas de contato. Quando você sabe que quer tentar falar com CEO, com CIO ou com algum tipo de diretor, não pode ligar todos os dias. Então, na cadência relacional, você tem um dia em que vai mandar apenas mensagens sociais e e-mail; espera três dias e vai para a ligação; espera três dias, e-mail e ligação; espera mais três dias, e-mail e LinkedIn; espera quatro dias, e-mails e LinkedIn de novo; espera mais quatro dias e vai para uma última ligação. Então, na cadência relacional, você está trabalhando um tipo de prospect um pouco maior, estará disposto a trabalhar mais personalização e vai trabalhar no longo prazo. Não vai trabalhar no curto, porque ali custa mais caro. Mas você também sabe que, se conseguir gerar uma oportunidade nesse porte de negócio, vai conseguir ter mais eficiência.

Agora um momento para explicar o que é pesquisa, o que é e-mail, o que é ligação e o que é *social-point*:

- **A atividade de pesquisa** basicamente é a atividade tanto de construção de lista quanto de qualificação. Quando se fala de prospecção outbound, há dois tipos de fluxo:

    - Um primeiro filtro que tem por objetivo entender se uma empresa tem o tamanho para comprar de

DEMANDA INFINITA

você. Nesse filtro você vai analisar site, número de funcionários olhando o LinkedIn e tecnologias embarcadas dentro do site. Está muito mais preocupado em qualificar se uma empresa naquela maturidade e naquele momento está pronta para comprar de você. Dessa forma, você vai tomar a decisão se vale a pena começar um fluxo de cadência com essa empresa ou não, porque pode ser que, dependendo do tamanho e da característica, você já a descarte durante o processo de pesquisa.

- Outro ponto importante durante a pesquisa é se concentrar em informações relevantes que vão permitir fazer rapport dentro da ligação ou personalizar melhor o seu e-mail. Assim você pesquisa, pesquisa, pesquisa e descobre, por exemplo, que uma marca como a Reserva está investindo muito no marketing digital, construindo um site novo. Pesquisa, pesquisa, pesquisa e descobre que a Oracle está com um desafio muito grande em localizar o software deles na América Latina. É assim mesmo — seu objetivo é sempre estudar o seu cliente para entender qual é a característica dele, qual é a necessidade, qual é o momento, porque tudo isso vai ser arma para usar durante o seu processo de prospecção.

Em resumo, a atividade de pesquisa nada mais é do que construir uma lista estruturada e buscar informações que vão ser relevantes e úteis para você dentro do seu processo de conexão.

- **Quando a gente fala de e-mail** são os e-mails frios, aqueles que você vai construir os templates de prospecção baseados naquilo que você desenhou na parte superior do Canvas.

Kanban Prospect na prática

- **Na ponta de ligação temos:**

  - *Cold call:* é a ligação "friazassa". Você tem algumas informações sobre aquela empresa, mas vai ter que quebrar o gelo. O seu grande desafio é fazer com que aquela pessoa que você está ligando pare o tempo dela para lhe dar atenção.

  - *Discovery call:* é uma ligação na qual você está descendo um pouco mais profundo; às vezes já agendou aquela reunião e está fazendo um diagnóstico para entender se existe uma oportunidade.

  - *Warm call:* é uma ligação que você liga pra alguém que você conhece com o objetivo de abrir a porta para você na sua próxima ligação. Algo como eu sei que o Sori conhece alguém dentro da Taco; eu ligo para o Sori e falo: "Sori, você pode me apresentar os diretores dentro da Taco?" Isso é uma *warm call*. Eu estou usando o meu network para abrir uma próxima porta.

- ***Social-point*** **são atividades executadas dentro das redes sociais,** como por exemplo o LinkedIn, o Instagram e o WhatsApp. Sim, o WhatsApp é uma rede social. Por mais que não tenha feed, possui várias das características que uma rede social incorpora.

DEMANDA INFINITA

Escala de dor Kanban Prospect

—

Ao terminar de construir o seu Kanban Prospect, é hora de apresentá-lo ao time. O que precisa fazer agora? Definir a escala de dor. Pensa no seguinte: surgiram muitas ideias de dores aqui que você pode explorar no seu processo de prospecção. Pensa no seu dia a dia — se seu site sair do ar e ao mesmo tempo você tiver um problema com o seu contador. O que é mais grave? "Depende do problema com o contador, Thiago." Ok, mas e se o caso for que você tem uma certidão que vence daqui a quinze dias, que seu contador já deveria ter mandado, e o site saiu do ar. O que é mais severo para o seu negócio? O seu site sair do ar!

Então, o que eu vou pedir para você fazer? Pegue cada uma das dores que você classificou e lhe forneça um nível de intensidade de dor (eu gosto de trabalhar com uma escala de 1 a 3):

- *Cliente sem previsibilidade de receita:* o quanto isso dói para ele? Eu colocaria "1"; por mais que seja muito dolorido, ele não tem uma percepção muito clara de que isso pode impactá-lo. Mais para a frente, quando começar a escalar, ele vai ter, mas, na maioria das vezes, não tem essa dor presente.
- *Não bater meta:* para mim isso é uma escala de dor de 2 asteriscos.
- *Pouco tempo com a família:* certamente isso destrói a vida do cliente, destrói o relacionamento matrimonial e é um nível de intensidade alto. Eu colocaria nível 3.
- *Time não produtivo:* também é alto, eu colocaria 3.
- *Gasta muito tempo para saber onde está:* eu colocaria 1, porque isso só incomoda para quem busca essa informação — e muita gente nem busca.

Kanban Prospect na prática

- **Poucos leads:** o que para mim é a maior dor que existe dentro de um departamento comercial (3).

Legal, o que você viu aqui? Viu que de seis dores que o cliente tem, três são mais severas. E, em uma escala, eu colocaria que pouco tempo com a família é a maior dor, time não produtivo é a segunda e poucos leads é a terceira. Então, o que eu fiz? Consegui classificar o nível de escala de dor. Quando você for construir a sua argumentação, deve priorizar muito mais bater nessas dores do que nas demais.

E o que você vai fazer depois? Vai fazer a mesma coisa com o sonho. Você vai classificar o quanto um sonho é importante para o seu cliente. Os demais você pode explorar nos seus e-mails, mas os três que estiverem com a maior numeração são os que você vai priorizar a todo o momento, porque eles são as ações e as estratégias de abertura de porta.

• • •

Entendendo seu negócio com o Kanban Prospect

A partir do momento em que você mapeou as atividades que o seu cliente executa, e as ofertas que você tem, o que precisa verificar? Se você tem uma oferta para cada uma das atividades que o seu cliente executa. E aqui você vai entender o quanto o seu modelo de negócios e a sua empresa estão orientados para resolver, ou não, o problema do seu cliente.

DEMANDA INFINITA

Vamos lá, vou utilizar meu exemplo anterior para alinhar tudo:

1. Meu cliente tem uma dificuldade de contratar vendedores

Eu tenho alguma solução aqui que ajuda ele a contratar vendedores? Consultoria ajuda ele a contratar vendedores, então achei o encaixe entre os dois. Fechou!

2. Relatório de ligação

Eu tenho alguma solução que ajuda ele a ter mais relatório de ligação? Bem, durante o Growth Lab a gente monta o processo dele, então achei encaixe aqui também.

3. Cliente precisa treinar a equipe dele

Eu tenho alguma oferta para treinar equipe? Tenho o treinamento *in company*, portanto consigo treinar a equipe dele.

4. Cliente tem que reportar resultado

A gente ensina isso em algum lugar? De novo, no Inception faço isso junto com ele.

É assim mesmo. Depois de construir o seu Kanban, você vai fazer essa análise, tentando achar o encaixe entre o que você tem de oferta e o que não tem. Agora, imagine que você detecta "controlar vendas" e não tem hoje um produto ou um serviço para ajudar o cliente a controlar vendas. O que você faria?

Desenvolveria um novo produto para o meu negócio. Existe uma demanda do meu cliente, do meu mercado, que não está

Kanban Prospect na prática

sendo atendida. Vou investigar meus clientes que têm essa dor e conversar: "De que maneira você gostaria de controlar melhor isso?" Isso poderia ser um módulo novo do meu produto, pode ser uma função nova da minha consultoria, pode ser alguma informação nova que eu usaria dentro do meu processo. Tudo isso vai gerar mais valor para o meu negócio.

• • •

Qual a estratégia de demanda

Só existem três motivos pelos quais o seu cliente compra alguma coisa, e da mesma maneira só existem três formas de você abrir as portas da sua prospecção. Veja:

1. Ganhar mais dinheiro

O cliente está buscando aumentar o faturamento, conquistar mais clientes. Essa é a sua grande meta. Toda vez que você falar em aumentar faturamento, ele vai ter tempo para ouvir.

2. Diminuir custos

O cliente gostaria de gastar menos dinheiro do que gasta hoje, aumentando a lucratividade do seu negócio. Se você mostrar uma estratégia para diminuir custos, ele estará disposto a investir nesse papo contigo.

DEMANDA INFINITA

3. Correr menos riscos

O cliente não quer ser processado, autuado ou multado; se você lhe mostrar uma forma de correr menos riscos, ele estará disposto a investir.

Dito isso, onde o seu negócio se localiza? A sua solução ajuda os clientes a aumentar receita, a diminuir custo ou a correr menos risco? Em qual desses três pontos você se localiza? Eu aconselho você a dar um nome para a sua campanha de prospecção. Por exemplo: "Dobrando vendas!" Crie um mote, um discurso que seja seguido pelo seu time.

A partir disso, você vai precisar de uma grande ideia ("big idea"). Lembre-se de não focar o que o seu produto faz, mas a transformação que ele entrega. Então, a partir do momento em que entendi, por exemplo, "aumentar vendas", vou começar uma campanha para ajudar algumas empresas a dobrarem o faturamento. "Thiago, dobrar faturamento não dá", e eu digo: mira no alto, mira em uma transformação que faça a diferença!

Agora imagina que o seu cliente é o Mario, personagem do Super Mario Bros. Mas ele é o Mario pequenininho. Quem já jogou videogame sabe, ele é um bonequinho que vai tentar salvar a princesa e tem uma série de desafios no mundo. Existe um item que ele encontra ao longo da sua aventura que é a flor. Quando encontra a flor ele consegue ter superpoderes, passa a pular, a cuspir fogo, a ter muito mais performance. Se torna muito mais fácil resgatar a princesa a partir do momento em que você encontrou a flor.

Então, qual é o erro mais comum que vejo? A maioria dos vendedores acredita que vende a "flor" do jogo, e quer falar de características da flor, de aspectos técnicos da flor, sobre relatórios,

Kanban Prospect na prática

sobre produto, sobre serviço. Não é a flor que você vende, mas a transformação. O seu produto, o seu serviço, é um pequeno pedaço de um sonho muito maior que é seu cliente se tornar alguém bem-sucedido. Então pense nessa analogia do Mario, mostre essa analogia para o seu time. Pare de falar de características técnicas e passe a falar da transformação que você entrega.

• ▪ •

Perguntas de qualificação e red flags

Oitenta por cento das pessoas com quem você fala nunca vai comprar nada, ou seja, são completos desperdícios de tempo. Dito isso, talvez um dos pontos tão importantes quanto você abrir a porta é descartar as oportunidades que não estão alinhadas com comprar de você. "Thiago, como é que eu faço isso?"

Bom, durante a pesquisa, durante a definição do Perfil de Cliente Ideal, você identificou alguns padrões que existem nas empresas com as quais você está acostumado a fechar negócio. Agora você precisa reforçar essas características de qualificação no fim do Kanban.

O que você tem que ter em mente:

- Qual o tamanho médio das empresas que compram de você?
- Quantos funcionários essas empresas têm?
- De quais segmentos de mercado essas empresas normalmente participam?

DEMANDA INFINITA

- Você vende mais para área de educação? Para área de tecnologia? Saúde?
- Em qual nicho de mercado você é mais eficiente?
- Onde no passado você entregou mais sucesso?
- Existe um problema mais recorrente que você resolve?
- Existe uma dor mais recorrente que você resolve?
- Você vende para empresas que faturam mais ou menos? Quanto?
- Se você vende produtos físicos, como está definido o raio geográfico específico em que está presente?

Nos critérios de qualificação, você reúne todas as perguntas que fazem sentido no seu processo de prospecção, descartando por antecipação caso ele não tenha uma característica associada a esse perfil de empresas com que você costuma fechar negócio.

Além das características, eu sempre gosto de qualificar em três dimensões:

1. Tamanho

Essa empresa tem o tamanho que normalmente costuma comprar de mim? Analise isso.

2. Perfil

A pessoa com quem estou falando tem poder para comprar, é a pessoa que assina o cheque, é quem toma decisão? Fazer reuniões com influenciadores pode ser uma etapa do seu processo de prospecção, mas nunca considere uma oportunidade de vendas concreta se o decisor não estiver na mesa.

Kanban Prospect na prática

3. Motivação

O que está acontecendo? Por que essa empresa está no seu radar? Existe um problema real? Existe uma prioridade? Uma mudança de legislação? Existe? Excelente, avança para a frente, está qualificado. Não tem, descarta essa oportunidade.

Para encerrar, o conselho final: não está qualificado? "Dropa." E como eu normalmente descarto uma oportunidade? Digo: "Cara, olha, poxa, muito obrigado, entendi o seu cenário, mas nesse momento não sou a melhor solução para ajudar. Eu já conversei com empresas semelhantes à sua e no final a gente não consegue chegar num acordo e eu não consigo ajudar. Tô aqui mandando alguns materiais nossos, uma apresentação da empresa, e quando fizer sentido, se por acaso vocês ficarem maiores ou se esse problema de qualificação que você teve for resolvido, estou aqui às ordens para ajudar; mas nesse momento acho que eu não seria a melhor solução para o seu cenário." Seja sincero, seja transparente.

■ ■ ■

CAPÍTULO
06

Potencializando seu Kanban Prospect

Como converter o Kanban Prospect em processo de geração de demanda

Com o seu Kanban Prospect preenchido chegou a hora de converter ele em processo de geração de demanda, utilizando cada uma das informações e criando um processo de geração de demanda 100% alinhado à necessidade do seu cliente.

Dores e sonhos serão utilizados para despertar o interesse; cases de resolução e de conquista de sonhos criam autoridade ao mesmo tempo que despertam o desejo; o fluxo de cadência deixa claro o número de modelos que precisam ser criados para o processo; e os filtros de qualificação mostram tanto o que precisa ser perguntado ao prospect quanto como parametrizar as ferramentas de construção de lista e de prospecção.

O objetivo deste capítulo é mostrar como criar um processo de prospecção de alta conversão e 100% alinhado com os desejos e as necessidades do seu potencial cliente.

Mesmo que para você seja uma novidade prospectar clientes, aconselho que conclua a construção do seu Kanban Prospect antes de avançar na compreensão da conversão em processo. Um dos hacks mais importantes de aprendizado é fazer. Como diria Harv Eker, autor de *Os Segredos da Mente Milionária*: "Você se esquece daquilo que escuta; você se lembra daquilo que vê; você entende aquilo que faz." Logo, vamos fazer!

DEMANDA INFINITA

Com o Kanban Prospect pronto você está tranquilo para começar a revolução no seu negócio. E, para começar a converter o Kanban Prospect no seu processo de Demanda Infinita, você deve saber que:

- **Deve haver, pelo menos, uma pessoa 100% dedicada à prospecção.** Você pode até começar com alguém que trabalhe meio período nessa função, mas a Demanda Infinita só virá quando alguém estiver totalmente comprometido com a prospecção.

- **É necessário algum tipo de sistema.** O sistema deve permitir que sua força de vendas compartilhe informações e gerencie contas e contatos, os quais devem usar e-mail para serem prospectados.

- **Um produto ou serviço será foco das ações.** Você deve ter um produto ou serviço que já foi testado e gerou renda.

- **O valor da vida útil do cliente deve ser de, pelo menos, R$12 mil.** O processo também funciona para contas com valor inferior a R$12 mil, especialmente se for seu próprio negócio e você mesmo o fizer.

Potencializando seu Kanban Prospect

Esqueça os templates de e-mail

Você pode me perguntar: "Thiago, por que vou gastar tempo fazendo o Kanban Prospect, imprimindo, parando o meu time, pesquisando com o cliente se tem um montão de templates de prospecção outbound, se tem um montão de template de e-mails disponíveis na internet?" Aliás, antes de responder, preciso informar que na Growth Machine mesmo lançamos uma ferramenta gratuita que já gera seus templates.

Baixe os templates escaneando o QR Code

O que acontece: o template, assim como o script de vendas, são guias, um norte daquilo que você tem que construir. E o que você tem de fazer? Você tem que olhar aquela estrutura do template e adaptá-la com a sua argumentação.

Qual é o erro mais comum que vejo na prospecção outbound? As pessoas querem vender os seus produtos e serviços, elas querem falar de si, elas querem falar da característica do negócio, "porque minha empresa tem tantos anos, porque eu atendo sei lá o quê". Esqueça!

DEMANDA INFINITA

Via LinkedIn recebo com frequência mensagens muito ruins, como esta: o sujeito já começa só falando dos produtos e serviços que ele tem, falando sobre *cloud*, sobre ERP, sobre nuvem privada, híbrida e tal; ele só fala dele na mensagem, e não fala nada de mim.

No lugar de você tentar escrever um e-mail ou usar um template que só fala de si, gaste um tempo primeiro entendendo quais são as dificuldades que seu cliente executa; quais são as dores que ele tem; o que ele está tentando fazer hoje que não consegue. Quando você está vendendo não é sobre o que o seu produto ou serviço faz, e sim sobre aquilo que o seu cliente está tentando fazer hoje e não está conseguindo.

Então, o seu grande desafio não é falar mais de você, e sim descobrir mais aquilo que o seu cliente não consegue fazer. Quando falo para não usar um template, ou para abandonar um template, quero dizer o seguinte: você não vai usar um modelo que está todo mundo usando; você vai pesquisar, estudar, desenvolver o seu Kanban Prospect e, a partir dele, estruturar todo o seu processo de comunicação com o seu cliente, seja no seu site, nas suas cold calls, no seu *social selling*, ou no seu template de prospecção outbound.

Em vez de usar templates prontos, gaste um tempinho tentando entender quais são as atividades que o seu cliente executa, quais são as principais dores que ele tem, quais são os sonhos que ele gostaria de conquistar, quem você já ajudou a resolver as dores e quem você já ajudou a conquistar os sonhos. Então, a partir de toda essa comunicação, você monta um fluxo de comunicação que será insuperável.

Muitas vezes recebo o seguinte feedback das minhas mensagens de prospecção: "Thiago, analisei tudo e não achei nenhum

Potencializando seu Kanban Prospect

furo. Eu jurava que essa seria uma mensagem automática, mas o que estou vendo aqui é que você a escreveu especificamente para mim."

O que acontece quando o seu cliente abre a caixa de e-mails dele e tem lá um monte de mensagens, principalmente mensagens de gente que ele não conhece? Ele clica em cada uma daquelas mensagens e começa a lê-las. Se ele a lê e acredita que foi disparada em massa para muita gente, o que ele faz? "Excluir, vou para a próxima!"

Você hoje consegue ler todos os e-mails que recebe? Sim ou não? Seja sincero. Por que você acha que o seu cliente consegue? É a mesma coisa. Então, o que a gente precisa fazer? No lugar de tentar se comunicar de maneira genérica, massiva, sem bater na dor, no problema e na necessidade dos nossos prospects, vamos gastar energia não fazendo dessa forma, mas de uma maneira diferente, estudando o seu cliente e criando uma comunicação pessoal que aquela pessoa vai ler e falar: "Este e-mail foi escrito para mim!"

A fim de tornar seu e-mail mais intenso e com uma redação tão personalizada que o cliente acredite que você só podia estar pensando nele quando escreveu, reveja os resultados da Escala de Dor que definiu a partir do seu Kanban Prospect, bem como o que se refere aos sonhos.

DEMANDA INFINITA

Usando a metodologia Demanda Infinita

Você estudou o Perfil de Cliente Ideal, a metodologia do Kanban Prospect, e rodou a metodologia junto com o seu time. Agora o que a gente tem que fazer? É preciso pegar aquele mandato de comunicação e aquela estrutura de cadência que você concebeu, que prototipou junto com o seu time, e transformar tudo em um processo de prospecção de clientes.

Em processo estruturado, é hora de tirar as informações do Kanban e montar: templates de e-mail, scripts de ligação, modelos de abordagem, script de adicionamento e mensagens dentro do LinkedIn. Neste ponto, você vai trabalhar para justamente tangibilizar e criar sua metodologia de prospecção.

Por que assim? Qual é o grande objetivo quando se fala em chegar à Demanda Infinita? O que você deve ter em mente: prospectar clientes é algo difícil, algo complexo. Estamos falando de entrar em contato com um estranho, quebrar padrão e torná-lo alguém interessado em seu produto/serviço. O que o torna um sistema complexo? Ele tem muitos elementos — e, quanto mais elementos, mais complexo se torna.

Então, o que temos: o mercado, o cliente, a empresa, os decisores, o orçamento, o vendedor, a abordagem, o momento e a motivação. "Mas como faço para pegar todas essas variáveis, tirá-las do jogo e torná-las o mais simples possível? O que é um bom processo de geração de Demanda Infinita?" Bem, é um processo repetitivo, é um processo que o seu vendedor consegue executar todos os dias. Quanto mais repetitivo for o seu proces-

Potencializando seu Kanban Prospect

so, mais eficiente e mais longe você vai. Quanto mais variáveis, mais distinto for, se a cada hora é uma abordagem diferente, um pitch novo, mais difícil vai ser de conseguir escalar.

Tudo isso é a preparação para buscar respostas na tecnologia. O erro mais comum das empresas é contratar a tecnologia sem ter os templates, os modelos e o processo pronto. Quer dizer, você não chega na Demanda Infinita se não estiver com tudo estruturado e organizado para finalmente partir para um software.

■ ■ ■

Desenhando seus templates

Todos sabemos como é difícil começar um projeto quando não há garantia de sucesso e todas as possibilidades de fracasso estão à mostra. É assim que a prospecção, às vezes, pode parecer — especialmente se você estiver usando táticas de vendas desatualizadas que fazem os compradores desligarem o telefone.

Sabemos que a prospecção pode parecer assustadora, e uma série de chamadas não retornadas e e-mails não respondidos é desencorajadora, para dizer o mínimo. Então, é nessa hora que os templates se tornam cruciais.

Por que uso templates: principalmente porque você precisa criar modelos para dar velocidade para o seu time. Imagine cada vez que eles forem prospectar uma nova empresa e tiverem de pensar em cada um dos e-mails, em cada uma das formas como

DEMANDA INFINITA

vão abordar, quais perguntas eles devem fazer, de que maneira vão qualificar... Ou seja, os templates servem para dar escala.

A gente quer duas coisas com o template:

- **Primeiro, pegar as melhores práticas.** Isso significa entender a melhor argumentação, a melhor batida de dor, os melhores cases para ir atrás de um cliente.

- **E, segundo, achar um padrão.** Você quer produtividade. Se o seu vendedor ou SDR precisar escrever o e-mail para cada vez que for prospectar, ele vai gastar muito tempo escrevendo esses e-mails. Se você tem um template pronto, ele só precisa dar *play*.

O que você colocou lá em dores e sonhos no seu Kanban Prospect são as dores que você vai bater. O que você colocou em case de resolução de sonho e case de resolução de dor, vai ser aquilo que você vai apresentar para construir autoridade e para criar desejo no seu prospect. O template funciona quando seu potencial cliente pensa: "É exatamente o que preciso ter."

O padrão de uma abordagem é rapidamente chamar a atenção; mostrar suas credenciais, ou seja, mostrar sua autoridade, quem você já ajudou no passado, por que você tem a capacidade, ou por que você pode ajudar aquela empresa a resolver o problema que ela tá passando. E mais: garantir que você está criando uma referência que crie prova.

Por exemplo, se a sua empresa trabalha no segmento de varejo e eu falar para você que ajudei uma indústria, você vai olhar para mim meio assim: "Cara, problema diferente, e tal, cenário diferente." Agora, se eu disser que ajudei a maior empresa de

Potencializando seu Kanban Prospect

varejo ou o seu concorrente você vai falar: "Putz, preciso ouvir o que esse cara tem para falar." Então, o case de conquista de sonho e resolução de dores serve justamente para ajudá-lo com isso!

Pense agora em quais templates vai usar dentro da estrutura. Seu primeiro trabalho então será definir quais templates precisa fazer. Lá dentro do seu Kanban, na ponta de fluxo de cadência que foi mostrada no módulo anterior, você listou a relação de templates que vai usar.

Assim, quantos templates você precisa dentro do seu processo? "Ah, vou ter quatro e-mails, dois *social-points*, um script de ligação e um modelo de qualificação." A partir dessas definições, crie uma listinha com cada um desses e-mails. O próximo passo é começar a construir esses templates.

Existem alguns padrões de e-mails:

- **Abertura de porta.** Com ele você se apresenta e defende quem você já ajudou no passado para corroborar. Inicia com a estrutura-padrão do e-mail, o assunto. O assunto é o que vai fazer alguém abrir ou não abrir o seu e-mail. Sempre comece de maneira cordial: "Olá, **primeiro nome**." Use variáveis para que esse e-mail fique personalizado. A grande diferença entre um cold e-mail e um spam é que o cold e-mail tem contexto, itens de personalização, você demonstra que já estudou o destinatário antes. "'**Primeiro nome**', notei que a empresa do mesmo segmento que 'o nome da empresa que você está prospectando' tem o desafio de manter um controle muito alto de leads no *leadtime* nas importações, porque trabalham com estoque muito baixo. Conseguimos..."

DEMANDA INFINITA

O próximo passo é o contexto, por que você está mandando esse e-mail. Em seguida, prova social, o que você vai falar? Quem você já ajudou no passado. Depois vem a chamada para a ação, também conhecida como *call to action*. "'**Primeiro nome**', você tem quinze minutos para eu explicar como posso fazer diferença para você?" O que é essa estrutura? Gancho, benefício que você gera e chamada para a ação. Essa é a estrutura-padrão.

- **Ganho de autoridade.** Ele tem por objetivo mostrar o que você já fez no passado. Inicia com um gancho: "Empresa diminuiu em 99% o tempo para emissão de notas fiscais de importação." Como ela fez isso? Cite um case com o qual você já trabalhou, que resultado entregou e como conseguiu reduzir essa questão. "Conseguimos reduzir esse tempo para cinco minutos a partir do registro da declaração de importação. Atualmente você está satisfeito com o tempo médio da sua nota fiscal de importação? Podemos falar rapidamente sobre como podemos otimizar o seu processo?" Mesma estrutura. Comecei pelo benefício, mostrei o que entrego e por último fiz a chamada para ação.

- **Follow-up.** Você vai continuar batendo na necessidade dele: "Redução de 50% de e-mails no processo de importação." Mesma estrutura.

- **Deal break.** Aqui você está fechando a porta. Este e-mail normalmente é um pouquinho mais curto, e tende a ser o que tem mais resposta, porque nele você vai falar: "Cara, muito obrigado, tentei falar contigo, aqui estão os meus contatos." Você está dizendo para ele que não está mais disponível; que você pode ajudá-lo, mas que se quiser alguma coisa ele terá que procurá-lo.

Potencializando seu Kanban Prospect

Boas práticas de e-mails frios

O e-mail de prospecção de clientes outbound deve ser centrado nas dores e nos sonhos do cliente, deixando evidente suas necessidades. Para isso, algumas dicas são importantes:

- Use uma linguagem simples, que seja de fácil compreensão para os compradores.
- O conteúdo do e-mail deve ser baseado no seu Kanban Prospect, nas dores que você alivia e nos sonhos que você ajuda seu comprador a conquistar.
- Evite usar jargões técnicos e linguagem corporativa.
- Não tente parecer ultrassofisticado; a simplicidade sempre ganha.
- Seja humano e vá direto ao ponto.

Uma ferramenta muito importante no seu processo de prospecção é usar o que chamamos de e-mails frios, também conhecidos como cold e-mails, em inglês.

O que é uma boa estratégia de cold e-mail? Por que preciso usar o cold e-mail dentro do meu processo de prospecção outbound? No passado não existia muito essa cultura de personalização de e-mails e de uso de e-mails para geração de demanda. Consequentemente, quando se começou a fazer essa estratégia de cold e-mail, ela deu muito certo.

DEMANDA INFINITA

O que é o cold e-mail? Diferentemente de um spam — que é um e-mail enviado em massa, sem nenhum tipo de personalização, para destinatários não qualificados —, o cold e-mail é uma ação dentro do seu processo de prospecção outbound em que você está mandando e-mail para pessoas que não o conhecem, mas com objetivos bem distintos e com alto nível de personalização. Basicamente, um cold e-mail é um e-mail que segue uma estrutura orientada com o objetivo de fazer com que alguém na outra ponta responda ou tope participar de uma reunião com você.

Muitas vezes, em um processo de prospecção, ele será o primeiro passo para você trazer alguém para a mesa. Porém, muitos erros são cometidos nesse método, e o objetivo aqui é relacionar quais são as boas práticas nesse assunto.

Primeiro ponto: pense que você precisa organizar um funil de prospecção. Nesse funil, use sempre as chamadas cadências híbridas. Basicamente, o seu objetivo em uma cadência de cold e-mail é pegar potenciais empresas, jogá-las dentro de uma ferramenta de disparo de mensagens que ficará disparando para essas pessoas.

Como você pode dividir seu funil de e-mails:

- Enviados.
- Abertos.
- Respondidos.
- Reunião agendada.

O que você precisa monitorar é quantos e-mails têm que surgir em cima para sair reunião embaixo. Algo assim: 100 e-mails en-

Potencializando seu Kanban Prospect

viados, 50 e-mails abertos, 4 e-mails respondidos e 2 reuniões marcadas. Essa é mais ou menos uma estrutura.

Agora, o que acontece com o cold e-mail? Ele tem funcionado cada vez menos. Se você olhar agora a sua caixa de entrada, vai ter cinco ou seis e-mails que recebeu de pessoas que você não conhece simulando uma proximidade. "Thiago, você está dizendo então que não é mais para usar?" Não, não é isso. O que acontece é tem mais gente explorando esse canal; com mais gente explorando o canal ele tende a ser menos eficiente.

Como é que vou resolver isso? Aqui vão algumas boas práticas que funcionam muito na Growth Machine:

- Lembre-se de que tudo é uma questão de teste.
- Descubra as maiores dores utilizando variáveis.
- Tenha em mente que, quanto mais nichado for, melhor.
- Se vende para ticket médio acima de R$3 mil, invista muito na personalização.
- Se vende para ticket médio abaixo de R$600, vai precisar de volume, então use muitas variáveis.
- Fique atento que a taxa de conversão de uma campanha na qual se apresenta o "primeiro nome", a "empresa" e o "cargo" tende a ter muito mais conversão do que quando você modifica apenas o primeiro nome.
- Não se esqueça de que quanto mais variáveis maior fica essa taxa de conversão. Por incrível que pareça, seis variáveis foi o que teve a maior taxa de conversão em relação à resposta.
- Perceba que até três e-mails durante o fluxo de prospecção significa maior eficácia. Após isso diminui.

DEMANDA INFINITA

- Trabalhe para aumentar a taxa de conversão sabendo que ela será mais alta quando o seu e-mail estiver sem link.

- Acredite, o fluxo de cadência misto (e-mail, *social-point*, telefonema etc.) chega a ter 5% de conversão enquanto o fluxo de cadência simples tem 1%.

- Melhore sempre focando estes pontos de otimização: assunto (diretamente relacionado à taxa de abertura); conteúdo (diretamente relacionado à taxa de resposta); e agendamento (diretamente relacionado ao equilíbrio desses pontos).

- Insista na repetição. O que faz a excelência é a repetição; quanto mais repetitivo for, mais eficiente será.

Existe uma estratégia importante aqui. Mesmo que se trate de um e-mail que tem muita personalização, crie uma estrutura-padrão e personalize em um bloco. Deixe um bloco de personalização. Uma sugestão: pegue uma quantidade de e-mails grande e aplique uma cadência automática — e, conforme esses e-mails vão sendo abertos, migre automaticamente para uma cadência mais manual. Tenha como regra que o seu time só liga para quem já interagiu com o e-mail.

Quer dizer, o e-mail é um excelente abridor de portas. Quando alguém liga caindo de paraquedas, a pergunta na mente do cliente é: "Quem é esse cara?" Mas, se essa ligação vem de alguém fazendo follow-up em cima de um e-mail que esse cliente abriu, quem sabe até alguém que muitas vezes já visitou o seu site, terá muito mais eficiência.

■

Transformando seu Kanban Prospect em e-mails

Você já entendeu como funciona o Kanban Prospect, e você já entendeu o que é um e-mail de prospecção outbound, o que é um cold e-mail e como vai usá-los. Agora, o que você tem que fazer? Você vai separar tudo aquilo que colocou — na aula de Kanban a gente deu um template para você levar aquilo que escreveu para dentro desse template digital.

Agora você vai pegar essa estrutura de dores e problemas, sempre priorizando as dores maiores, os problemas maiores, os sonhos e aquilo que você tem de case. Essa estrutura é o que você vai usar para escrever o seu e-mail de prospecção e o seu script de ligação.

No caso do seu e-mail de prospecção, sempre comece por um gancho. Então, no lugar de você falar "Ah, a minha empresa faz isso, faz aquilo", você coloca "Olá, '**primeiro nome**'" (o abertura de porta), "aqui na Growth Machine nós ajudamos empresas a '**qual o sonho**'" (no caso seria aumentar vendas, melhorar eficiência, aumentar produtividade, bater metas). Pegue algo que está no seu case de resolução de sonhos para explicar qual é a sua proposição de valor. Então, traga essa definição.

Novamente, no caso da Growth temos "Aqui na Growth Machine ajudamos empresas..." — se você puder cite uma referência, como SAP, Medicatriz e JExperts — e aí o que você faz por elas: "...a aumentar vendas, a gerar demanda, a usar melhor o LinkedIn, a chegar na Demanda Infinita", ponto.

DEMANDA INFINITA

Dando sequência para falar de dor: "Trabalhando com empresas do seu segmento, ou empresas semelhantes à sua, notei que um problema recorrente é..." Aí você vai pegar um tipo de dor que sabe que o seu cliente normalmente tem. "Então, trabalhando com empresas do seu segmento, a gente vê que as dores recorrentes são..." Qual é a dor mais severa? Teste com mais de uma dor, dor 1, dor 2, dor 3, dor 4. "Fiquei me perguntando como você está lidando com esse desafio. Teria quinze minutos para um bate-papo rápido para eu explicar como ajudamos a resolver esse problema", case de resolução de dor, "como ajudamos o jornal *Estadão* a gerar quatro vezes mais demanda num espaço de tempo muito curto", "como ajudamos a InterFreight a gerar o mesmo volume de oportunidades em um mês que no passado ela gerava em um ano".

Traga primeiro uma prova de que você resolve o problema, algo que o cliente sonha em conquistar, que vai ser um case de resolução de dor, ou um case de conquista de sonho. E, no final, *call to action*: "Cara, tem quinze minutos?", "Posso ligar amanhã?", "Vou ligar para você amanhã!". Agora você pode criar, essa é a estrutura-padrão. O Kanban Prospect tem o brainstorm do que você vai usar, os ingredientes para sua receita de cold e-mail.

E como vai funcionar dentro de um script de ligação? Da mesma maneira! No script de ligação você separa os principais problemas e as principais dores e quando fizer a pesquisa da empresa, antes de ligar, você evidencia: "Bem, esta empresa deve estar com esse problema, com aquele outro." Aí, é só separar algumas perguntas de problema.

O Kanban Prospect é a entrada para você construir templates de e-mail que vendem e scripts de ligação que vão ter mais efeti-

Potencializando seu Kanban Prospect

vidade. Tudo isso por quê? Porque você entendeu quem é o seu cliente e você está fazendo uma argumentação concentrada nas dores e nos sonhos que ele possui.

Lembre-se: o processo de prospecção outbound e construção de templates não é sobre o que você faz, é sobre o que o seu cliente está tentando fazer e não está conseguindo.

• • •

Personalização de e-mails de prospecção com variáveis

É uma crença comum que é difícil fazer personalização de e-mail frio em escala. E isso muitas vezes leva a debates sobre sua eficácia em geral.

Realmente, a configuração de uma sequência de e-mail hiperpersonalizada é uma tarefa demorada, especialmente se você pesquisar manualmente cada cliente em potencial em busca de informações relevantes que possam ser usadas como um *snippet* personalizado (**snippets** são blocos de texto curtos e reutilizáveis que podem ser usados em registros de contato, empresa, negócio e tíquete; no modelo de e-mail; em conversas de chat; e ao registrar uma atividade ou observação).

O uso de imagens e páginas de destino personalizadas (táticas que detalhamos anteriormente) também exige um esforço extra. Mas e se você pudesse tornar os modelos de e-mail mais

DEMANDA INFINITA

personalizados e humanos com apenas um clique? É quando as variáveis entram em jogo.

A partir de agora examinaremos mais de perto os tipos mais populares de variáveis em cima de alguns modelos que você poderá replicar. Um guia para variáveis de e-mail: tipos comuns e casos de uso. Uma variável (ou um "campo de mesclagem") é um campo de texto em um modelo de e-mail que é preenchido automaticamente com os dados correspondentes.

Simplificando, as variáveis permitem que você insira palavras/frases/trechos personalizados em seu e-mail automaticamente, em vez de inserir o texto necessário para cada destinatário individualmente. Por exemplo, se você usar uma variável **{{First Name}}** em seu modelo e enviá-la para cem destinatários diferentes, cada um deles receberá um e-mail com o nome correspondente.

De longe a opção mais fácil para personalização de e-mail em escala, as variáveis permitem que você personalize o conteúdo do e-mail com base na persona, cargo, setor, vertical, local ou até mesmo contexto. Isso ajuda você a fazer com que suas mensagens pareçam calorosas, relevantes e atraentes para cada destinatário da sua lista sem muito esforço.

As variáveis de personalização podem ser elementares, como **{{First Name}}** e **{{Company}}**, ou mais complexas usando sintaxe *if-else* e dados contextuais.

Então, vamos nos aprofundar nos tipos mais úteis de variáveis para personalizar seu alcance em escala (junto com alguns exemplos):

Potencializando seu Kanban Prospect

- **Variáveis gerais (padrão):** são as mais populares entre os SDRs, BDRs e AEs, então você provavelmente já viu algumas delas. Essas incluem as mais básicas, como **{{First Name}}**, **{{Title}}**, **{{Country}}**, **{{Company Name}}**, **{{Industry}}** etc.

    Essas variáveis dependem de dados-padrão do perfil de contato que geralmente são fáceis de encontrar. Isso os torna uma opção para SDRs iniciantes (ou apenas preguiçosos).

    E, embora você não deva esperar que esse tipo de personalização impressione seus clientes em potencial, iniciar o e-mail com "Oi, **{{First Name}}**" há muito se tornou uma norma para comunicação automatizada por e-mail. Portanto, você também não deve ignorar as variáveis-padrão.

- **Variáveis de intenção:** elas ajudam você a criar relevância em escala com base no contexto fornecido. Por exemplo, você pode usar variáveis como **{{Technology}}**, **{{Hiring}}**, **{{Company_Growth}}** a fim de personalizar seu alcance para empresas com base nas ferramentas tecnológicas que elas usam, nas vagas recentes, nos investimentos, nas aquisições etc.

    Também usamos uma variável baseada em intenção **{{Job_Opening_Title}}** em nosso alcance para empresas-alvo que desejam expandir suas equipes de vendas. Veja como fica em um e-mail: "Estou entrando em contato com você porque revisei o site da **{{Company}}** e percebi que você está contratando **{{Job_Opening_Title}}**."

    Nesse caso, a variável **{{Job_Opening_Title}}** será automaticamente substituída pelas informações relevantes dependendo do contexto, ou seja, um SDR, 3 SDRs, 2 AEs, um VP de Vendas etc.

DEMANDA INFINITA

- **Variáveis de pesquisa:** variáveis baseadas em pesquisa, como **{{Competitor}}**, **{{Department Size}}**, **{{Hobby}}**, **{{Technographics}}** etc., representam uma abordagem ligeiramente diferente para personalização em escala.

  Como você deve ter adivinhado pelo nome, é preciso alguma pesquisa manual para coletar as informações necessárias, pois não é algo que você possa extrair automaticamente do perfil do LinkedIn de uma pessoa ou do banco de dados B2B em massa.

  No entanto, usar esse tipo de variável mostrará aos clientes em potencial que você se esforçou para personalizar o e-mail — o que definitivamente valerá a pena com altas taxas de abertura e resposta.

  Por exemplo, procure o CRM que ele usa e salve os dados como um campo personalizado **{{Technographics}}** em seu perfil. Então, se você decidir usar esses dados em seu alcance com a variável de pesquisa, o modelo ficará assim: "Estou entrando em contato, pois percebi que você da **{{Company}}** está usando **{{Technographics}}** como seu CRM."

  Como mencionado anteriormente, você pode usar a mesma abordagem para consultar outras informações relevantes, como o tamanho do departamento, o concorrente que está usando ou ainda mais detalhes pessoais (o hobby) em seus e-mails.

- **Variáveis *if-else*:** as variáveis do tipo *if-else* permitem não apenas inserir algumas informações do perfil do cliente potencial em seus e-mails, mas também personalizar automaticamente suas mensagens com base nos campos de dados adicionais.

Por exemplo, se você tiver as informações sobre o tamanho da empresa do cliente em potencial em seu CRM ou SEP, poderá criar uma variável **{{Company Type}}** e usá-la em seus e-mails: "Como nossa empresa já ajudou outras **{{Company Type}}** como..."

Utilizando a lógica *if-else*, a variável **{{Company Type}}** será substituída pela palavra correspondente com base nos dados sobre o porte da empresa do seu CRM, ou seja:

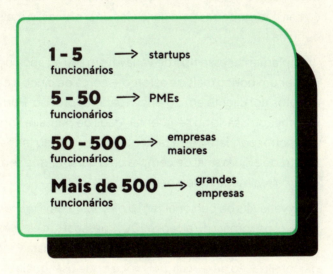

Nesse caso, as variáveis serão substituídas dinamicamente pelas informações correspondentes baseadas nos parâmetros preestabelecidos. Da mesma forma, você pode criar variáveis *if-else* usando as informações sobre Indústria, Cargo, Localização etc.

A propósito, também é possível usar esse tipo de variável para personalizar saudações com base na localização dos clientes em potencial. Faça uma lista de cumprimentos em

DEMANDA INFINITA

diferentes idiomas para todos os países de onde vêm seus clientes potenciais. Assim, quando adicionar uma variável **{{Greeting}}** personalizada aos seus e-mails, ela será substituída pela saudação no idioma correspondente, com base na localização do cliente em potencial.

- **Variáveis de personalização *(snippets)*:** variáveis de personalização ou *snippets* são fragmentos de texto personalizados que você pode adicionar aos modelos de e-mail padronizados para dar a eles uma sensação mais genuína.

  Implementar esse tipo de variável em seu alcance de e-mail requer um pouco mais de esforço — cerca de cinco a quinze minutos por cliente em potencial para ser preciso. Portanto, recomendo usá-lo ao segmentar leads de primeira linha que correspondam perfeitamente ao seu ICP ou tenham mostrado algum sinal de compra para garantir que seu esforço realmente vale a pena.

  As variáveis de personalização oferecem uma maneira infalível de tornar seu alcance 100% pessoal em escala. É também uma das abordagens mais flexíveis para personalização de e-mail, pois você pode usar qualquer informação disponível online (e não apenas pontos de dados padrão).

  Aqui estão alguns exemplos do que usamos como variáveis de personalização: "Encontrei sua empresa no LinkedIn — adoro a simplicidade e a necessidade do seu produto para equipes de desenvolvimento modernas!"; "Parabéns pelo seu 8° aniversário na Microsoft!"; "Percebi que você é um fã de Bill Gates. Você assistiu ao *O Código Bill Gates*?".

Potencializando seu Kanban Prospect

145

Dica profissional: incluir o *snippet* de personalização no início dos e-mails (mesmo antes da saudação) — para que seja a primeira coisa que um cliente em potencial vê ao abrir seu e-mail — ajudará você a atrair rapidamente a atenção do cliente em potencial.

- **Variáveis condicionais:** as variáveis condicionais (também conhecidas como dinâmicas) permitem que você adicione uma camada extra de personalização aos seus e-mails usando o contexto.

  Seja um CTA personalizado que se ajusta automaticamente à hora/dia em que o e-mail é enviado, ou opções mais complexas com sintaxe líquida, eles fazem seu alcance parecer mais empático e permitem que você crie um envolvimento 1:1 com cada cliente em escala.

  Desde o lançamento das variáveis dinâmicas e condicionais na Growth Machine, tem sido muito proveitoso experimentar essa tática. Veja algumas ideias fáceis de implementar sobre como usá-las:

- **Saudações.** A primeira coisa que os clientes em potencial veem quando abrem seu e-mail, uma saudação é uma das partes mais subestimadas de um modelo de e-mail. A maioria dos SDRs vai apenas com o padrão "Oi, **{{First Name}}**" e depois pula diretamente para a próxima linha. Para evitar isso, anime sua saudação com variáveis condicionais:

  - como vai seu **{{hoje}}**? — por exemplo, como vai sua quinta-feira?

  - como foi seu **{{day_before_now_1}}**? — por exemplo, como foi sua quarta-feira?

DEMANDA INFINITA

- bom **{{time_of_the_day}}**, **{{First Name}}** — por exemplo: boa tarde, John.

- **Chamada para ação.** Os CTAs, por outro lado, são tudo menos esquecidos. Afinal, é como você conduz o cliente em potencial a agir da maneira que você espera depois de ler seu e-mail. E você pode usar a personalização com variáveis condicionais para tornar seus CTAs ainda mais eficazes.

  A tática ideal aqui é ajustar dinamicamente o dia que sugiro para nossa chamada de descoberta, com base em quando o e-mail é enviado, por exemplo: "Você tem dez a quinze minutos para um bate-papo rápido **{{#if is_monday}}**; hoje ou nesta terça-feira **{{/if}}{{#if is_tuesday}}**; hoje ou nesta quarta-feira**{{/if}}{{#if is_wednesday }}**; hoje ou na sexta--feira **{{/if}}{{#if is_thursday}}**; hoje ou amanhã **{{/if}}{{#if is_friday}}**; mais tarde hoje ou no início da próxima semana **{{/if}}{{# if is_weekend}}**; no início da próxima semana**{{/if}}**?" E é isso que o prospect verá se o e-mail for enviado na segunda-feira: "Você tem dez a quinze minutos para um bate-papo rápido hoje ou nesta terça-feira?"

- **P.S.:** adicionar uma assinatura personalizada ao seu e-mail é outra maneira de se destacar da multidão e causar uma impressão positiva em seus clientes em potencial. Veja como usar uma linha PS com variáveis condicionais para fazer isso: **{{#if time_of_the_day == 'morning' }}** Tenha um maravilhoso **{{now_month}} {{time_of_the_day}}** 📷 **{{else}}{{/if}} {{#if time_of_the_day == 'afternoon' }}**; Tenha um maravilhoso **{{now_month}} {{time_of_the_day}}** ⬡ **{{else}} {{/if}} {{#if time_of_the_day == 'evening' }}**; Tenha um maravilhoso **{{now_month}} {{time_of_the_day}}** 🏨 **{{else}}{{/if}}**.

Potencializando seu Kanban Prospect

A variável ajustará seus desejos com base na hora do dia em que o e-mail será enviado. Caso seja enviado pela manhã, o cliente em potencial verá exatamente isto: "Tenha uma maravilhosa manhã de fevereiro."

- **Sintaxe de *fallback*:** a sintaxe de *fallback* é uma opção perfeita se você precisar personalizar alguma parte de seus e-mails manualmente enquanto ainda faz sua divulgação em escala. Por exemplo, se você não conseguir encontrar as informações necessárias para alguns de seus clientes em potencial, poderá utilizar uma variável condicional com sintaxe de *fallback* para usar o valor-padrão caso o campo de dados obrigatório esteja vazio: "A Growth Machine já ajudou outras empresas da **{{Indústria | "SaaS"}}**, como..." Assim, caso não haja informações sobre o setor de atuação do prospect, a variável será substituída pelo valor-padrão — "SaaS" — assim que o e-mail for enviado.

Então, é muito importante você ter atenção com as variáveis que usa dentro dos seus e-mails de prospecção. Por quê? Principalmente para quem opta pelas cadências mais automáticas, terá um desafio: em cadências mais automáticas você precisa ter variáveis que vão dar uma percepção de personalização.

Quando você constrói um e-mail, por exemplo, na Plataforma de Prospecção Growth Machine. Exemplo de criação de e-mail com variáveis: primeiro nome; nome completo; empresa; site; estado; cidade; e-mail; telefone; conversão; cargo atual, número de vendedores e o nome do vendedor que está fazendo essa venda.

Para um exemplo de um e-mail ainda mais personalizado: "Olá," (cole o primeiro nome) "analisando o site" (arraste o site www.seiláoque...) "localizei esse link quebrado. Percebo que

DEMANDA INFINITA

você é uma referência" (estado) "no estado do Rio de Janeiro e gostaria muito de mostrar a você como ajudamos empresas da sua cidade" (ou qualquer outra coisa) "a resolver esse problema."

O que você tem que tomar cuidado com as variáveis? Primeiro, o português é um pouco mais complexo que o inglês. O português apresenta muita variação de verbo, plural, singular; é necessário ter uma atenção, principalmente para quem vai para uma cadência mais automática, percebendo se a frase está coerente. Ter erros de português em um processo de prospecção é algo muito negativo.

Outro ponto de atenção que você precisa ter é que, às vezes, quando você constrói a lista, pode criar uma lista que não tem uma variável que você está buscando. Por exemplo, você não tem '**primeiro nome**', você só tem '**nome completo**'. Então, tenha atenção quando importar a lista para um sistema de prospecção para ver se os campos que precisa estão todos lá.

Normalmente as ferramentas, de forma-padrão, quando você não tem um campo, deixam vazios aqueles espaços onde não se tem informação. Tenha cuidado em relação a isso justamente para garantir que essa lista que está usando tenha todos os dados ou verifique se o texto que você criou faz sentido para essa estrutura utilizada.

Você tem que criar um texto que, mesmo que não tenha alguma informação ou algum dado específico, a pessoa que lerá aquele e-mail falará: "Pô, essa informação tem sentido." Como é que você vai fazer isso? Testando. Escreva, crie uma variável com uma empresa que é no singular, uma variável com uma empresa que é no plural, uma variável de empresa que é no masculino, uma variável de empresa que é no feminino, e veja se aquela frase continua tendo sentido, se continua sendo lógico.

Potencializando seu Kanban Prospect

Tenha atenção em relação a isso, teste e otimize. Depois, teste e otimize. Às vezes você trabalha com três variáveis e já faz uma diferença. Alguns estudos mostram que quanto mais variáveis, e mais personalização, maior será a diferença. Se você puder fazer uma coisa no meio, então terá muita estrutura que vai ser padrão; mas, assim, por exemplo, o que você poderia fazer de modelo de e-mail: "Olá, '**primeiro nome**', recentemente ajudamos uma empresa XPTO" (concorrente do prospect) "e fiquei me perguntando como estão seus desafios nesse ponto. Aqui na Growth Machine já ajudamos empresas a aumentar suas vendas em tantos % e tudo o mais. Pesquisando na internet, e analisando o seu site e a sua pasta no LinkedIn, percebi alguns desafios que podem hoje estar tirando suas vendas, entre eles" (aí você coloca três desafios) "o perfil dos vendedores não está otimizado para social selling, o seu site está sem HTPS e eu percebo que os seus conteúdos estão desatualizados. Notei mais duas coisas na sua estratégia que podem vir a trazer problemas. Consegue quinze minutos rápidos pra eu explicar como a gente pode ajudar você?"

Tudo isso é para você despertar esse interesse na outra ponta e mostrar que pesquisou, que o e-mail não é um e-mail genérico; o prospect foi estudado e a proposta pode ter algo que vai agregar valor. Quando alguém não responde a um e-mail ou não vai a uma reunião outbound? Quando percebe que você não entende nada sobre ele, então você não sabe quem é o seu cliente; segundo, você não gerou valor para ele.

No caso da Growth Machine, por que é muito fácil a gente prospectar praticamente qualquer empresa? Há uma grande produção de conteúdo, o nome Thiago Reis se posicionou como uma autoridade dentro do segmento de vendas. E, quando o prospect é abordado com o discurso "Cara, notei algumas coisas

DEMANDA INFINITA

aqui na sua estratégia que não estão legais", de cara o cliente já fala assim "Caramba, o Thiago Reis me mandando mensagem"; segundo "Pô, o que será que não está bom na minha estratégia? Esse cara entende de vendas, para ele estar me falando que tem algo que não está legal, provavelmente estou fazendo alguma coisa de muito errado." E aí é uma consequência ele responder e topar uma reunião.

Agora, mesmo em se tratando de uma pessoa muito conhecida, se for feito um e-mail muito automático, o engajamento é 10% do que ele seria se fosse absurdamente personalizado. Qual é a grande dúvida para o uso de variáveis e tudo o mais? É o quanto isso vai dar ROI para o seu negócio. Porque não adianta personalizar absurdamente para fechar uma conta de R$200, de R$100, R$150; isso não vai se pagar e o tempo que você gastou personalizando a conta no final não fecha.

Resumo:

- Lembre-se de que variáveis são muito importantes.
- Confira se a frase é coerente.
- Tenha atenção se a lista que você importou tem todos os campos.
- Analise o quanto a estrutura do e-mail que você criou vai funcionar com variáveis e sem variáveis.
- Tenha um pouco mais de atenção no caso de e-mails automáticos; diminua o número de variáveis.

■ ■ ■

Potencializando seu Kanban Prospect

Criando script de ligação
___

Existe uma discussão muito forte se a gente tem que usar script de ligação ou não. Primeiro, ele é um documento que mostra tudo aquilo que precisa ser executado para que uma ligação de prospecção, uma ligação para uma pessoa que não conhece você, uma ligação fria, funcione. Então, existe uma série de estratégias e de hacks que fazem com que uma ligação seja mais ou menos eficiente.

"Thiago, devo usar script de ligação no meu negócio ou não?" O que deve pesar para você tomar essa decisão: se você está começando agora o seu processo de Demanda Infinita, se você está com um time pouco experiente, ou se você está dando os primeiros passos, o script funciona como se fosse o norte de uma bússola.

Pense o seguinte: um bom chef de cozinha vai fazer um prato. Se ele tem a receita, mesmo sendo a primeira vez que está fazendo aquele prato, existe uma chance de sucesso; agora, quando o chef já executou aquela receita muitas vezes, vai acontecer um momento em que ele nem precisa mais medir o quanto está colocando de cada ingrediente, ele vai no olho. Vai jogando, vai fazendo arte, modifica e prova, e bota mais e bota menos. Qual que é a diferença dos dois? É se você tem um chef de cozinha ou se você tem um atendente, um cara mais operacional.

DEMANDA INFINITA

Então, este é o conselho: de início, use o script de ligação; depois, com o tempo, comece a tirar esse script. O que o script faz? Ele cria uma linha lógica de abordagem. Inicie fazendo rapport, depois faça perguntas, em seguida "encoste" no problema, qualifique-o e, por fim, avance. O script será um norte do que deve ser seguido.

Outro conselho: estude muito com o seu time; faça *role play* — que é ensaiar como se um fosse o cliente e o outro fosse um SDR —; deixe ele exercitar aquilo e use o script como um norte durante a ligação. Apenas tome cuidado para o vendedor não virar um operador de telemarketing, para ele não ficar robótico, "Sim, senhor, eu gostaria de falar com o...". Não vai funcionar. Se o prospect sentir isso, ou ele desliga ou xinga e ferrou, coloca tudo a perder.

"Então, tudo bom?! Meu amigo...", sempre estimule o seu SDR a se soltar, e ele vai consultar o script de acordo com o cenário, sabendo que pergunta fazer.

Seu time rodou, rodou e ficou excelente naquele script, o que você faz? Aos poucos você tira o script. "Galera, comecem a ensaiar, agora vocês já dominaram o processo." Só que tem uma linha lógica que você precisa executar que faz muita diferença. No site da Growth você também pode fazer download do script usado na empresa.

A primeira coisa a se fazer é criar um arquivo (pode ser o modelo que fez download com um novo nome). Afinal, vai precisar ter scripts para mercados diferentes, para clientes diferentes, para times diferentes. O foco é ter muito poder, então, se você tiver um único mercado, um único foco, isso vai funcionar muito mais. Dê um nome para seu script.

Potencializando seu Kanban Prospect

Depois vem a definição do objetivo da ligação. Parece fácil, mas muitos dos SDRs não pensam nisto: "Por que você está ligando para o cliente?" Antes de ligar, defina qual é a sua meta. Os objetivos são:

- Auxiliar o cliente a construir um cenário de solução.
- Criar um link entre seu produto ou serviço e a necessidade de solução do cliente que você está prospectando.
- Avançar para uma reunião.
- Qualificar se você está falando com alguém que realmente tem potencial para comprar o seu produto/serviço.
- Qualificar se o contato é um decisor e se possui autonomia para compra — esse aqui é um ponto muito importante.

Atenção! Algumas regras práticas, aí você pode modificar de acordo com o seu mercado. Isto aqui são boas práticas de prospecção:

1. A call não deve durar mais do que quinze minutos

É muito difícil você conseguir em uma cold call quinze minutos do tempo de uma pessoa, então precisa ser objetivo.

2. Energia na voz

O SDR não pode ligar com energia lá embaixo e deve se posicionar como especialista. Ninguém tem tempo para um vendedor, mas todo mundo quer ouvir um mentor, todo mundo quer um guru, todo mundo quer ajuda.

DEMANDA INFINITA

3. Fazer perguntas inteligentes

Mais importante do que afirmar é perguntar. Quando você pergunta, faz o cliente concluir; quando afirma, você corre o risco de falar besteira ou parecer ser arrogante.

4. Construir autoridade, rapport e confiança

Autoridade é mostrar que você domina; rapport é você conseguir quebrar o gelo e ter proximidade; e confiança está diretamente relacionada à sua entonação, à maneira como você fala e ao quanto você fala pausadamente.

5. Criar urgência e escassez

Você deve mostrar sempre que está levando uma oportunidade, e que essa oportunidade não está eternamente disponível, que existe um prazo de tempo para ele aproveitá-la; isso faz com que o cliente tenha mais engajamento e que você diminua a reunião no próximo passo, que será a reunião para vender.

Esse script de ligação pode ser usado tanto na primeira interação quanto no follow-up para responder a um cold e-mail. Então, você mandou um e-mail de prospecção, o cliente respondeu e você pode usar esse script. Faça o dever de casa antes:

Passo 1: *Pesquise sobre a empresa*

Pesquise sobre a pessoa de contato no LinkedIn, no site. Tente achar conexões pessoais. "Será que tem um grupo que ele faz parte? Será que estudei em alguma escola que ele também estudou? Será que a gente tem algum contato em comum?" Tente achar alguma lógica de rapport.

Potencializando seu Kanban Prospect

Passo 2: *Crie hipóteses de problema*

O que está acontecendo naquela empresa? Quais são os possíveis problemas que essa empresa pode estar passando? Liste os principais desafios que o seu contato pode estar enfrentando. Liste clientes e cases do mesmo segmento. Aí, em vez de você falar "Eu aumento vendas" você fala "Cara, eu ajudei a InterFreight a reduzir o ciclo de vendas dela de 12 meses para um mês", "Ajudei o jornal *Estadão* a gerar 48 oportunidades no mês".

Quando falo "Eu ajudo empresas a aumentar vendas" fica genérico; quando eu cito uma referência, um case, algo que já fiz, o cara olha e fala assim "Rapaz, esses caras são bons", ainda mais quando você fala o nome e o percentual, porque mostra que você está embasado na informação que forneceu.

Aqui temos a primeira parte, a introdução. O operador deve:

- Apresentar-se pausadamente.
- Passar entusiasmo e tranquilidade.
- Mostrar que está feliz por aquela ligação.
- Saber exatamente o que está fazendo.
- Agregar valor o mais rápido possível.
- Fazer uma pergunta.
- Falar que notou algo.
- Mostrar que você tem algum conhecimento.

Já que o projeto do Estadão foi citado, fica como exemplo a forma como as ligações foram feitas. Ligou-se para uma pessoa de marketing (era um projeto para venda de marketing de conteúdo) dizendo: "Cara, estava navegando no seu blog e vi que o seu tráfego está caindo; vi que vocês estavam numa crescida e agora o tráfego está caindo; também notei que você não está atualizando muito ele, o que está acontecendo?" Do outro lado da ligação, a pessoa parou na hora o que estava fazendo e começou a prestar atenção na conversa. O que foi feito? Agregou-se valor muito rápido.

Aqui vai um exemplo: "Olá, aqui é o Thiago Reis da Growth Machine, tudo bem? Te peguei num bom momento?" Esse "bom momento" é considerado como uma boa prática porque você mostra que está preocupado com o tempo da outra pessoa. O que irrita alguém dentro de uma cold call? Quando o operador já engata a primeira e começa a falar. "Pô, esse cara nem pensou se eu posso falar com ele ou não, ele está respeitando zero meu tempo, ele acha que posso parar o meu dia."

Quando você fala "Te peguei num bom momento?!" e a pessoa fala:

"NÃO"

Você responde: "Legal, então qual seria o melhor horário para a gente conversar? Temos ajudado algumas empresas do seu segmento a reduzir custo, aumentar venda, diminuir risco, e eu queria mostrar um pouquinho como a gente pode ajudar. Quando você tem quinze minutos para bater um papo comigo?"

Potencializando seu Kanban Prospect

> ## "SIM"
> Se sim, a mesma coisa: "Cara, temos ajudado algumas empresas 'benefício', 'cases que você já fez' e 'resultados que você entregou'."

E aí você entra no gancho. A mesma coisa que colocou no primeiro bloco do e-mail você vai usar agora: "Cara, eu estava olhando no seu site; estava olhando no LinkedIn; li uma notícia e estava me perguntando como é que você está lidando com 'problema que você pega lá no Kanban Prospect'."

A partir daqui você quebrou o gelo e começou a fazer rapport. Desse processo de rapport você vai falar: "Cara, então, deixa eu falar, a gente tem aqui um especialista que pode ajudar a resolver esse problema. A gente ajudou a empresa XYZ a conseguir esse, esse e esse resultado. Eu gostaria de agendar uma call com ele para que ele possa fazer um diagnóstico um pouco mais profundo do seu momento, entender como é que está a sua estratégia agora e mostrar como a gente consegue ajudar. Quando que você tem 1 hora, 40 minutos, 30 minutos para falar com o nosso especialista?"

Primeiro, você tem que mostrar que vai ter muito valor, segundo você tem que mostrar que é uma pessoa cara, gabaritada para isso, e tem que mostrar certa escassez e urgência. "Então, cara, a nossa agenda está muito corrida, a gente está com uma

DEMANDA INFINITA

demanda muito grande de empresas como a sua querendo investir nesse ponto. Eu tenho disponibilidade para amanhã às 14h, para sexta-feira às 14h ou segunda-feira às 9h. Qual seria o melhor horário pra você?" Limita. "Beleza, então, olha, antes de eu agendar, preciso fazer algumas perguntas para entender se consigo ajudar nesse momento." O que é isso? Você está validando se essa empresa que você prospectou tem o Perfil de Cliente Ideal que você está buscando.

O que você precisa ter aqui nesse momento? Lá no Kanban você alimentou filtros de qualificação; os filtros de qualificação vão se transformar em perguntas aqui. Se você usa o Exact Sales, excelente, já vira um segundo filtro e vai automaticamente classificar; se você não usa, vai precisar anotar isso em algum lugar. No Zoho CRM dá para você criar campo e no Meetime você pode botar dentro do próprio texto. E aqui você vai tomar a decisão se pode passar esse prospect para a frente ou não.

Se houver interesse, vamos ver se ele está pronto para agir? Você está lidando com a pessoa que tem poder de decisão e influência? Há um interesse real em avançar para o próximo passo?

Veja agora um pitch bem positivo: "Muito interessante o seu trabalho, para saber se a gente consegue ajudar a sua empresa preciso confirmar alguns pontos, prometo ser bem breve." Faça as perguntas de qualificação:

- *Então, quantos vendedores você tem hoje?*
- *Atualmente a sua empresa já trabalha com alguma solução como a nossa?*
- *Hoje vocês estão em qual regime tributário?*
- *Quem toma a decisão?*

Potencializando seu Kanban Prospect

- *Caso a gente mostre que consegue resolver o seu problema e você entende que está no momento de fazer esse investimento, podemos celebrar nossa parceria?*
- *Você toma a decisão sozinho ou a gente precisa envolver mais alguém?*

Caso o prospect esteja qualificado, avance para identificar a necessidade. Caso não esteja, feche a porta. "Cara, entendo que neste momento não somos a solução para a sua empresa, vou enviar um e-mail com os meus contatos e voltamos a nos falar mais para a frente." Feche a porta e vá embora.

Quanto à investigação de necessidade é importante o seguinte: você tem que refletir se o SDR vai descer nesse ponto ou não. Se é um SDR mais qualificado, pode; se não, eu deixaria a investigação de necessidade para a call de diagnóstico que vai ser feita pelo executivo.

Uma vez iniciada a conversa por telefone, ela deve focar o negócio do cliente e a venda da solução. Antes de discutir sobre o problema e os desafios que ele enfrenta, pergunte ao cliente, usando perguntas abertas, sobre o funcionamento do negócio dele:

- Como é estruturado?
- Há quanto tempo existe?
- Qual é o ticket médio?
- Como ele ganha dinheiro? E como ele perde?

DEMANDA INFINITA

Esses são alguns exemplos de perguntas que devem ser adaptadas ao seu negócio; o principal objetivo é deixar o cliente falar sobre o negócio dele. Se após toda a conversa ainda não ficar claro qual é a maior dor, pergunte diretamente: "Qual é a sua maior dor?"

Então aqui vão alguns exemplos:

- *Como o seu departamento ou área está estruturado?*
- *Como o seu processo — na área que você vende — está organizado?*
- *Qual sistema concorrente ao seu está sendo utilizado?*
- *Qual produto que substitui o seu está sendo usado?*
- *Quem presta esse serviço para vocês hoje?*
- *Há quanto tempo?*
- *Quais são os desafios que você enfrenta atualmente?*
- *Você já procurou tentar resolver esse cenário no passado?*
- *Onde o desafio que você descreve se encaixa na lista de prioridades?*
- *O quanto é importante aumentar vendas?*
- *O quanto é importante aumentar custos?*
- *Por que você contratou o sistema atual?*
- *Quem tomou essa decisão, foi você ou outra pessoa?*
- *Qual é a chance disso acontecer — comprar o projeto ou substituir — ainda este ano, semestre ou mês?*
- *O que o motiva a fazer isso?*

Vamos supor que você seja uma agência de publicidade e vende comunicação; você vai refazer a comunicação dele inteira. "Cara,

Potencializando seu Kanban Prospect

o que o motivaria a fazer essa mudança do seu site, ou do seu logo, da sua identidade visual?" Aí o prospect diz "Aumentar vendas, ter mais clientes, aumentar receita" e tudo o mais.

Veja que esse bloco é muito importante; muita gente falha nele e ele faz uma diferença muito grande, definindo quais são os próximos passos. Nunca saia de uma reunião sem o próximo passo agendado; e o próximo passo agendado significa o convite na sua agenda, na agenda do cliente e o registro no CRM.

Na sequência, crie a autoridade para o *vendedor*. "Separei aqui um grande especialista, um cara que domina esse assunto, ele já ajudou a empresa XYZ. É ele que vai fazer o seu diagnóstico." O que eu quero? Criar expectativa sobre a pessoa para não ter *no--show* (não comparecimento do cliente na reunião), porque é comum haver um problema de desistência neste ponto — que é o cliente não aparecer na reunião marcada. Em média, essa quebra é de 30%. Quando a gente aumenta a autoridade de quem vai atender o cliente, ele entende que aquilo é uma oportunidade que não pode falhar. Mesmo assim você vai ter uma quebra de pessoas que não vão aparecer na reunião. Mas, quanto melhor você fizer esse trabalho, maior a chance desse prospect estar lá.

Documente tudo por e-mail. Eu gosto muito de fazer um e-mail entre o cliente e o consultor. "Olá, fulano, muito obrigado pelo seu tempo, foi um prazer enorme falar com você. Durante a nossa conversa discutimos estes principais pontos: você está com esse desafio, esse desafio, esse desafio e esse desafio. Estou colocando em cópia o executivo responsável por fazer o seu diagnóstico. Já dei uma briefada nele sobre aquilo que a gente conversou e estamos ansiosos para analisar o seu cenário no dia tal e entender o quanto a gente consegue modificar ele. Muito obrigado, o convite já foi disparado, aguardo você aceitá-lo."

DEMANDA INFINITA

Jogue isso dentro do seu CRM, envie o convite, registre lá. Aqui vai um modelinho que você pode usar: "Consegui ter uma visão completa da sua empresa e dos seus desafios. Como você me disse, é uma prioridade resolver, aumentar, passar credibilidade, correto? Gostaria de agendar a sua reunião com o nosso especialista e ver como podemos evoluir na solução do seu desafio. Qual melhor dia e horário? Temos disponibilidade amanhã às tais horas. Estou enviando um convite agora e também um resumo de tudo o que conversamos."

O último passo é documentar, registrar. Se você fala com muita gente, vai esquecer ao longo do caminho. O que vai fazer? Pegue esse documento e adapte-o. O que vai usar como base? O que você colocou lá no seu Kanban Prospect. Você vai precisar colocar as dores e os sonhos que vai usar ao longo do caminho e as perguntas de qualificação.

Crie a sua versão, porque isso aqui é ouro para você chegar à sua Demanda Infinita.

■ ■ ■

Social-points

Um dos pontos importantes do seu fluxo de cadência, quando se fala de usar cadência híbrida, em que se está usando e-mail, ligação e redes sociais, são os *social-points*.

Social-point, dentro de uma escala de eficiência, tende a ser o menos eficiente. Enquanto a ligação é aquilo que tem de mais

Potencializando seu Kanban Prospect

proativo que existe, o *social-point* é um pouco mais reativo. Quando você está fazendo um *social-point*, o prospect pode não responder, ele pode ignorá-lo facilmente; ele pode não estar ativo naquela rede social; e pode ser alguém que, por exemplo, nem mais se loga, não tem mais a senha, ou morreu, ou sei lá, qualquer coisa.

De todos os recursos, ele é o menos efetivo. Ele é menos efetivo que o e-mail; porque, se você estiver com o e-mail certo, o prospect pode deletá-lo, mas dificilmente não o lerá.

Ligação é o mais intrusivo, é o mais proativo, é o que mais vai funcionar; só que, se você ligar para o prospect o tempo todo, ele vai ficar com raiva. O e-mail está no meio. Ir no LinkedIn, mandar um *social-point*, vai estar no mais passivo. Porém, ele serve muito para você se manter dentro da cadência.

Então, você começou no primeiro dia e mandou um e-mail. Depois, fez uma ligação. Aí você vai dar um intervalo no meio, você pode fazer um *social-point*, você pode mandar uma mensagem no LinkedIn. Nele, eu basicamente consigo interagir com a publicação de alguém que estou prospectando. Basta ir ao perfil e ver o prospect publicando alguma coisa — e então comentar. Você também pode mandar uma mensagem, se você tem a versão paga do LinkedIn. E, se você já é uma conexão do prospect, pode mandar uma mensagem direta. Por fim, você pode adicionar o prospect colocando uma mensagem personalizada.

O objetivo do **social-point** é ser mais um follow-up, mais uma tentativa de contato ao longo do seu fluxo; e o principal conselho aqui é não fazer isso isoladamente. Mais à frente serão comentadas tecnologias que permitem ampliar a eficiência disso e escalar esse trabalho. Mas pense que **social-point** é comple-

DEMANDA INFINITA

mentar ao trabalho de prospecção, e não pode ser feito isoladamente, ele tem que ser feito combinado.

Na prática, esta pode ser uma boa sequência para você seguir: vamos supor que você queira prospectar o Edu Costa. Quando entra no perfil do Edu Costa, percebe que já é uma conexão dele, então já tem as informações que gostaria. O que você pode ver sobre ele? O prospect tem informações de contato abertas? Tem: o link do site; telefone celular aberto; e-mail aberto para fazer publicidade; e Twitter (você pode interagir com ele em mais de uma rede).

Ele está disponível para prestação de serviços na ponta de marketing; pode-se ver detalhes e até solicitar um contato dele via mensagem. Isso é um hack bem importante porque você consegue mandar mensagem. Normalmente vão ser mensagens associadas àquilo que ele está falando. Mas você conseguiria mudar essa mensagem e mandar uma para as pessoas mesmo que essa configuração não estivesse habilitada.

E você continua: tem muitas conexões em comum; dá para ler um pouco sobre ele. Consegue ver aqui o que ele faz e tudo o mais. Que cursos ele fez, quantos seguidores ele tem, o que ele já fez de publicação.

E o que você poderia fazer já que está indo atrás dele? A primeira coisa seria interagir nas publicações dele. Comentaria "Muito legal". Começaria a criar rapport com ele. Curta outras postagens. Se vai participar de um evento, curta também. São as primeiras interações.

Caso você não fosse conexão do Edu, o passo mais importante seria enviar uma mensagem para ele, tentando adicioná-lo, chamando-o para um papo e já tentando levá-lo para uma reunião. Isso é o *social-point*.

Uma coisa que você também já poderia ter feito é verificar mais coisas que têm em comum. O fato de ele ter estudado na Veiga de Almeida e você também, seria um rapport: "Olá, Edu, você e eu já estudamos na Veiga de Almeida."

A grande dica do *social-point* é você chamar a atenção da pessoa antes de tentar adicioná-la. Porque, quando a pessoa já notou você ou criou rapport, é muito mais fácil conseguir avançar para outro papo. No caso do exemplo do Edu, é uma pessoa muito ativa nas redes sociais e que vende consultoria no LinkedIn, então é mais fácil trazer esse prospect para uma mesa. Dependendo do mercado em que você estiver, pode ser que o cliente não tenha tanto conteúdo e não esteja tão ativo no LinkedIn. Mas isso faz parte do processo.

O que é importante você entender? Quem é o seu cliente e qual canal é mais eficiente para falar com ele.

■ ■ ■

Atividade de pesquisa

Basicamente, a pesquisa é uma das primeiras atividades a serem executadas ao assumir um novo lead. Se o seu SDR receber um novo lead, antes de mandar um e-mail, antes de fazer uma ligação, deve analisar aquela empresa.

DEMANDA INFINITA

A atividade de pesquisa durante a prospecção tem por objetivo ajudar você em duas coisas:

- Descartar uma oportunidade antes mesmo de fazer uma ligação, uma vez que a empresa não esteja adequada ou preparada (ou tenha tamanho para comprar o seu produto).
- Criar munição para o seu momento de ligação ou para o seu e-mail de prospecção.

Como a oportunidade será analisada? Deve-se:

- Pesquisar na internet.
- Buscar notícias.
- Analisar o site. e estudar o que a empresa fala a respeito dela mesma.
- Usar alguns plug-ins.
- Visitar o LinkedIn, o Instagram e o Facebook, observando a presença da empresa nessas e em outras redes sociais.
- Dar uma olhada no Reclame Aqui.
- Levantar o que pode haver em sites de notícias.
- Observar a presença da empresa nas redes sociais.
- Estudar no próprio site o que a empresa fala a respeito dela mesma.

Você também poderá analisar se dentro da sua base esse prospect, em algum momento, já interagiu ou não. Para quem usa o RD Station é só ver o histórico de conversão; e para quem

Potencializando seu Kanban Prospect

usa o Active Campaign você pode ver se ele já baixou algum material seu.

Para quem não usa nenhum tipo de ferramenta de automação, mas usa um CRM, você vai pesquisar no Zoho CRM, na sua ferramenta de engajamento de vendas, para tentar entender se esse prospect no passado já teve alguma interação comercial ou alguém daquela empresa já interagiu com a sua.

Depois de reunir todas essas informações, vai registrar isso na sua ferramenta de prospecção. No próximo módulo, você vai receber muitas dicas de como usar todas as alternativas de tecnologia disponíveis.

E, por falar em análise, um roteiro eficaz funciona assim:

1. **Analise o histórico na internet.**

2. **Analise o histórico da empresa.**

> Para quem usa o Sales Navigator, você vai conseguir saber, na versão paga do LinkedIn, se aquela empresa está contratando ou demitindo, e o número de funcionários dela.

3. **Registre as informações que vão ajudar você a decidir se vale a pena uma ligação.**

4. **E, por último, analise a pessoa com quem está interagindo.**

DEMANDA INFINITA

5. Use o Registro.br para descobrir quem é o sócio da empresa, quem registrou aquele site e qual é o CPF ou o CNPJ.

6. A partir do CNPJ dessa empresa, descubra a razão social.

7. Com a razão social você pode pesquisar na internet para coletar mais informações jurídicas sobre essa empresa.

8. Em algumas ferramentas você consegue pesquisar pela região geográfica ou pela razão social para coletar quem são os sócios, quem participa e quem são os principais diretores.

Após coletar todas essas informações, agora o seu trabalho vai ser organizá-las dentro do seu sistema. Você já criou os seus filtros e vai, filtro por filtro, dando o "sim" ou "não" e concluindo a informação do quanto esse prospect está pronto ou não para receber uma ligação. Está qualificado, deu que a temperatura é alta, vamos para ligação; deu que a temperatura é baixa, veja, o melhor é descartar, deixar para um segundo momento. Você pode voltar nele daqui uns seis meses.

Basicamente, quando a gente fala de pesquisa, imagina que existem dois quadrantes que você está analisando:

Potencializando seu Kanban Prospect

1. Perfil (financeiramente)

> Qual é o poder aquisitivo daquela pessoa, daquela empresa.

2. Processo de compra

> Nesta etapa você vai conseguir analisar a tecnologia, o quanto o site do prospect está profissional, o quanto ele está maduro para investir em uma solução como a sua. Mas durante essa pesquisa é vital analisar muito o perfil da empresa e o porte dela; a partir daí, durante a ligação, você vai entender em que momento de compra esse cliente está.

Por que essa pesquisa é tão útil? Pode parecer estranho, mas a melhor ligação que você tem é aquela que deixou de fazer, porque na verdade perderia o seu tempo. Prospectar dá muito trabalho, como ligar e mandar e-mail, portanto você vai gastar um tempo enorme. Se durante a pesquisa já identificar que aquela empresa não está preparada para o seu produto, parta para a próxima, você poupou muito tempo!

E mais: para a sua cold call funcionar, para o seu e-mail de prospecção funcionar, e para sua ligação criar conexão, você tem de estar armado. E a pesquisa é o momento em que o SDR ou o

DEMANDA INFINITA

vendedor se arma para fazer um bom diagnóstico, para fazer um bom trabalho — quando estiver ao vivo.

O que você tem que pensar? É igual a um show ou à final de um campeonato, quando você está junto com o prospect: aquela ali é a sua chance de ouro, é a sua única chance, você tem de estar o mais preparado possível para naquele momento mostrar a que veio, gerar oportunidade e qualificar. A pior coisa que tem é você ter um lead fantástico, com um baita problema e no momento em que você liga para ele ou você está inseguro ou você não cria valor suficiente para ele topar avançar para uma reunião. E a atividade de pesquisa garante que você faça isso.

Dentro do seu processo, o que você tem de fazer no que diz respeito a criar orientação para o seu time: listar quais são os pontos que têm que ser avaliados; listar quais são as informações relevantes. A seguir você tem um guia do que precisa ser analisado:

- Tamanho da empresa.
- Número de funcionários.
- Presença digital.
- Investimento ou não em mídia paga.
- Presença no LinkedIn.
- Produção de conteúdo.

Liste esses e outros pontos que você achar importantes. E para quem usa uma ferramenta de Sales Engagement isso vira um filtro de qualificação, que vai virar pergunta e as opções de resposta; para quem não tem, pode ser tanto uma planilha quanto um registro simples na própria ferramenta.

Potencializando seu Kanban Prospect

O principal conselho é que você defina quais são as informações que você quer, que são possíveis de serem coletadas diretamente pela internet ou pelas rede sociais; e quais são as respostas positivas que mostram que é uma oportunidade. Dessa forma, você tira da percepção do seu vendedor ou do seu SDR, e ainda passa a ter um método de análise se de fato você está na frente de uma oportunidade ou não.

∎ ∎ ∎

Planilha de qualificação

A partir desta planilha com critérios de qualificação, você vai definir categorias que já estão diretamente relacionadas, como segmento. Você já tem um segmento em que focou. Dentro do segmento, imagine por exemplo que você coloca na planilha "contabilidade". Aí você terá consultoria em contabilidade, escritórios de contabilidade, contador individual, startups de produtos tributários e empresas de prestação de serviços contábeis.

Você vai ponderar o nível de dor que enxerga; se é um nível de dor mais severo, ou se é mais baixo. E então vai botar a pontuação de quando você pegar uma dessas informações.

Por exemplo, em relação à atividade, hoje esse cliente está controlando vendas manualmente? Aí você vai dar uma pontuação do quanto isso é pesado ou baixo para o seu processo. Hoje ele não bate meta; hoje ele não está crescendo, o tráfego está caindo. E aí vão ter informações que você consegue coletar di-

DEMANDA INFINITA

reto no site e tem informações que você só vai conseguir pegar em uma call com ele.

Você pode colocar aqui uma ponderação, ela serve para criar sua classificação. O ideal será seu cliente A, que tem de 75 a 100 de pontuação; cliente B de 50 a 74; C de 25 a 49; e D de 0 a 24.

O que são red flags? Já vimos antes, são os pontos negativos, a característica que se tiver presente dentro de uma empresa zera a qualificação dela. Algumas s: decisão internacional; precisa de infraestrutura; precisa ser uma empresa ética. Então você vai analisar esses pontos e, da mesma maneira, a regra de pontuar positivamente ou negativamente.

A ponta de engajamento, mais uma camada. É mais para quem faz inbound marketing, para quem faz mídia paga, dependendo do quanto o lead já interagiu com o seu conteúdo ou com o seu site; ou como ele está em relação aos seus e-mails de prospecção. Da mesma maneira, você vai fazer essa pontuação.

No fim, você terá uma matriz de qualificação. Lembrando que você está analisando duas coisas aqui:

- O quanto ele tem perfil para comprar?
- O quanto ele está engajado?

O melhor prospect é o que tem alto perfil e alto engajamento; e o pior, o oposto, com baixo perfil e baixo engajamento.

E aí você vai criar a regra:

Potencializando seu Kanban Prospect

1. Chegou na pontuação X?

É enviado para vendas e acompanhamento imediato.

2. No amarelo?

Pode ser encaminhado ao time de telemarketing ou ao time de vendas externas para nova descoberta.

3. Mais qualificado?

Feedback individual.

Você pode deixar exemplos e notas para ajudar o seu time a entender. E isso é o que você vai usar no seu processo de concepção do processo de prospecção outbound no que diz respeito aos filtros de qualificação.

. . .

DEMANDA INFINITA

Consolidando tudo com seu fluxo de cadência

—

Criados todos os modelos, está tudo pronto e você pensa: "E, agora, como é que executo isso?" Um passo muito importante é treinar o seu time. Pense que você tem que apresentar tudo o que foi construído para as pessoas que vão executar. Se você trabalha sozinho, pule essa parte. Mas, se você não trabalha sozinho, é muito importante trazer o seu time para a mesma página.

"Galera, estou lendo o livro *Demanda Infinita*, a gente decidiu que vai fazer isso; isso e aquilo a gente já executou. Esse aqui é o nosso cliente ideal; isso aqui é o nosso Kanban Prospect (provavelmente eles construíram contigo); esse aqui é o nosso fluxo de prospecção outbound; esses aqui são os nossos templates; e esse aqui é o nosso script de ligação. Então, dia tal vamos ter um treinamento, leiam todo esse material."

Organize um treinamento para você explicar o processo inteiro. Explique cada coisa, assim como você leu aqui; explique o que é e-mail de prospecção, o que é script de ligação, o que é uma cold call, o que é uma atividade social. Traga todo mundo para a mesma página. Depois que todos entenderem o todo, faça uma execução com eles. As primeiras ligações e as primeiras prospecções quem tem que fazer é o líder, é quem está tocando a operação.

Lembra-se de tudo o que você fez até agora? É um protótipo, o que vai definir se isso vai dar certo ou errado é se consegue gerar resultados ou não. É com o cliente que você tem que conversar para descobrir:

- Pegue algumas oportunidades e rode tudo com o time.
- Teste se o modelo de e-mail está funcionando, se está fazendo sentido.
- Faça algumas ligações; veja se o roteiro está engajando ou se não está e você precisa modificá-lo.
- Depois que você validou, testou, peça para alguém da equipe simular que é o cliente e outra pessoa que é o prospectador (é o chamado *role playing*).
- Faça um treinamento completo sobre a sua empresa, sobre os problemas, sobre o cases de sucesso que você já resolveu.
- Peça para o seu time se inscrever no canal da Growth Machine, que tem curso gratuito sobre como fazer uma campanha de prospecção outbound, para eles entenderem o que é uma campanha se nunca trabalharam com isso.

Estas são três rotinas de capacitação que você deve ter para o time de SDR:

DEMANDA INFINITA

Rotina 1:

Ouvir ligações e dar feedback em cima das ligações. O ideal é colocar todo mundo dentro da mesma sala, dar play em uma ligação e pedir para os próprios SDRs darem feedback se a ligação foi boa, ruim, e o que eles fariam de diferente. Quando chegar na pessoa que estava falando, ela já vai ter entendido a partir dos pares e muitas vezes você não precisa falar nada. Outra ação muito importante é fazer *role play*, um é o SDR e o outro é o cliente, e realizar essas simulações. Isso ajuda a ir melhorando o discurso. Outra coisa importante é você ter uma rotina de capacitação, explicar fatores da empresa; explicar os principais problemas; apresentar cases etc.

Rotina 2:

Dar treinamento de vendas. Ensinar para o time desde o conteúdo específico até ferramentas e técnicas de vendas e como aplicá-las, como por exemplo: o que é rapport; o que é Programação Neurolinguística; o que é social selling; o que é o LinkedIn; como se produz conteúdo etc. Treinamento de vendas, treinamento de técnicas e simulação, como aplicar cada uma dessas técnicas em um contexto real, mostrando exatamente como usar o conhecimento técnico em uma situação cotidiana.

Potencializando seu Kanban Prospect

Rotina 3:

> Outra ferramenta que pode usar bastante é o coach. Você trabalha cada um dos SDRs e tem uma hora por semana com eles fazendo *one on one*. Liste quais são os principais desafios que cada um tem, liste o seu e não fale para ele. Fale assim: "O que você imagina que precisa melhorar? Qual é o seu principal desafio para você bater meta, para você vender mais, para você ter mais resultado?" Quanto mais tempo você investir no desenvolvimento do seu time, melhor vai ser a sua Demanda Infinita e melhor vai ser a sua operação de geração de demanda.

Assim, não é da noite para o dia. Você montou o processo, agora tem que fazer esse processo funcionar. Precisa otimizar, precisa melhorar, precisa modificar ao longo do caminho.

■ ■ ■

DEMANDA INFINITA

Treinamento do time
de prospecção

—

É importante dizer que softwares de cadência e softwares de prospecção outbound têm por objetivo ajudar você a controlar as atividades de prospecção de um SDR ou de um vendedor. Assim, no software você vai criar todas as atividades que ele executa e os filtros de qualificação; e, com o tempo, você vai testando e validando se cada um daqueles pontos está sendo resolvido.

Empresas de sucesso hoje utilizam ferramentas de Sales Engagement porque ele amarra muito bem a metodologia e garante que o SDR execute dentro daquela performance. Além de todo o suporte e apoio que o time deles dá ao longo do caminho, garantindo que não só os seus SDRs estão usando a ferramenta, mas que eles estão evoluindo. Você consegue ver benchmark, você consegue ver o quanto ele está sendo produtivo e o quanto ele não está.

Bem, o objetivo agora é você consolidar todos os modelos e templates que construiu dentro de um processo. A ferramenta que consolida isso tudo, independentemente do software que usa, precisa agora receber as suas atividades de cadência.

Primeiro de tudo é você construir cada uma das atividades. Vamos criar um exemplo de *social-point*. Nesse exemplo, pesquisa-se no LinkedIn tudo o que o prospect tem de fazer em relação a uma oportunidade. O que se tem de atividade de *social-point* se torna uma atividade para adicionar. E, em relação a isso, você pode ter várias atividades (engajar com conteúdo, enviar mensagem, enviar uma mensagem no WhatsApp etc.).

Potencializando seu Kanban Prospect

Se a atividade é e-mail, quais são os seus modelos: e-mail 1, e-mail 2, e-mail 3, e assim vai. É atividade de ligação? Tem cold call e tem discovery call, cada uma já com a estrutura que você acabou de criar, já realizando as substituições de variáveis e tudo o mais.

Após terminar de montar isso tudo, seu próximo passo é consolidar tudo isso dentro de um fluxo de cadência. Algumas decisões que você tem que tomar:

1. Nome da cadência

"Outbound Demanda Infinita."

2. Qual é a descrição

Um exemplo seria prospectar determinados clientes, uma prospecção para leads inbound ativos (leads que procuraram sua empresa).

Na sequência, o que acontece no dia 1? No dia 1 você adiciona o lead no LinkedIn; mande o e-mail 1 e só. Espere 3 dias e agora mande o e-mail 2, e vá para uma cold call. E assim você vai montando todos os dias da sua cadência e todas as atividades que vai ter. No fim, você vai salvar e a sua cadência está criada.

■ ■ ■

CAPÍTULO 07

Softwares de Cadência

Usando tecnologia na prospecção outbound

Imagine esta história: um pai trabalhava muito, era muito ausente e toda vez que ele estava voltando para casa comprava um presente para seu filho. Devido ao pai ausente, o filho cresceu revoltado e ainda mimado, porque toda hora ele ganhava um presente — independentemente do que ele tinha feito, estava sempre sendo recompensado, sempre sendo premiado.

O que essa história tem a ver? Tem a ver justamente com o erro mais comum entre os gestores de vendas e os empreendedores: "A minha empresa não está vendendo; a minha empresa não está tendo resultado; o meu time não está sendo treinado; não estou dedicando energia para minha equipe e não estou conseguindo bater as minhas metas; o que vou fazer? Eu vou comprar uma ferramenta."

Tudo o que você fez até agora foi criar estrutura para poder chegar na ferramenta; sem estrutura não tem ferramenta. A Demanda Infinita tem quatro passos que você precisa executar:

1. Entender quem é o seu cliente ideal.

2. Analisar os dados.

3. Criar uma estrutura de prospecção.

4. E só depois posso executar escala em cima dos canais.

DEMANDA INFINITA

Quando você achar tudo isso e achar o canal, aí estará pronto para usar a ferramenta para escalar. Sem isso, você vai só jogar dinheiro fora. E o que se vê são empresas gastando dinheiro com publicidade, com agências de comunicação, com softwares que não precisam, ou com softwares sem processo. Softwares são realmente necessários, mas, quando não existe processo, acabam não tendo resultado.

Muitos dizem: "Eu não acredito em ferramenta, já investi em todas, isso não mudou a minha vida, não aconteceu nada." Apesar do que você fez antes, daqui para a frente é preciso olhar diferente. O assunto ferramentas só está iniciando agora porque você já leu, já está preparado para entrar dentro da tecnologia. Antes disso, você não estava, agora é o momento.

■ ■ ■

Software de cadência

Softwares de cadência têm por objetivo organizar o fluxo de trabalho do SDR. Alguns focam mais as atividades, outros o funil por inteiro. O que é importante você entender: qual é o maior desafio no que diz respeito à prospecção. É qualificação? É disparo de e-mail? O seu desafio é controle da produtividade do time? Cada software entrega um pouco melhor cada um desses pontos.

No Brasil, a ferramenta mais indicada é a plataforma Growth Machine, que disponibilizamos para nossos clientes de aceleração. Porque além de você ter todas as atividades de prospecção por e-mail, quanto *social-point*, e os demais exercícios

Softwares de Cadência

e ações que o seu SDR precisa fazer. Ele tem dois blocos muito estruturados que garantem um melhor feedback em relação à oportunidade.

Em um software de Sales Engagement a qualificação funciona mais ou menos assim:

Filtro 1:

> Você foi até a sua lista de leads. O primeiro passo que o SDR vai tomar é rodar o que se chama de Filtro 1. O Filtro 1 é analisar se aquela empresa tem perfil para comprar o seu produto ou não. É uma questão de ver o site, o número de funcionários e informação sobre regime tributário. Essas informações são as que normalmente você busca na internet e consegue levantar sem falar diretamente com a pessoa.

Filtro 2:

> Depois parte-se para o Filtro 2. São informações que você vai pegar dentro da cold call. E aí vai controlar quantos filtros 1 o seu SDR fez e quantos filtros 2 ele conseguiu fazer. Na cold call ele abre a porta (como foi mostrado no script) e diz "Agora vou fazer algumas perguntas para entender se consigo ajudar". Neste momento, para cada resposta ele vai marcando dentro do software de Sales Engagement e, no fim, o software automaticamente calcula uma pontuação.

DEMANDA INFINITA

Dentro da sua construção de processo você vai precisar definir nesses pontos o quanto é importante cada uma das informações e respostas — e se uma resposta pontua positivamente ou negativamente. Por fim, o software devolve para o SDR um indicativo: essa oportunidade está qualificada ou essa oportunidade não está qualificada.

Se está qualificada, ele já direciona para um executivo ou distribui para os vendedores que estão cadastrados na ferramenta. O vendedor, por sua vez, recebe um e-mail informando que tem uma nova agenda sendo formada para ele.

Quando o vendedor faz essa visita ou essa reunião online, no fim ele recebe um novo e-mail no qual vai avaliar a qualidade do encontro. O Sales Engagement chama isso de feedback de visita — ele vai dizer se a reunião foi boa, ruim, se a decisão está na mesa, se tem potencial para avançar; e no fim vai calcular uma pontuação. Você já pode usar essa própria pontuação para premiar ou remunerar o seu SDR. A reunião foi positiva, tem negócio? Pontua positivamente. A reunião foi negativa, o decisor não participou, os problemas foram mal identificados, não é uma empresa qualificada; vai tirar pontuação do lead. E o SDR sempre tem uma meta mensal de uma entrega de pontuação.

Além disso, você consegue fazer fluxos de e-mail, automatizar o seu controle de cadência e disparar mensagens para esse prospect ao longo das atividades de prospecção.

■ ■ ■

Softwares de Cadência

Construção de lista
___

Falando agora de construção de lista, basicamente temos duas formas de construir: a primeira usando o próprio Google e a segunda usando ferramentas.

"Qual é a vantagem que tenho em usar o Google ou usar ferramentas?" Na verdade, o que acontece é o seguinte: ao usar o Google para construir a sua lista de e-mails, você gastará um pouco mais de tempo pesquisando, mas isso tende a trazer dados mais confiáveis. Você construiu essa lista, consequentemente, vai ser uma lista mais útil do que uma construída por uma ferramenta.

Imagine que você quer prospectar empresas de serviço e está atrás dos gerentes financeiros dessas empresas, você poderia, por exemplo, usar a palavra "consultoria". Se você quer falar com o gerente financeiro, poderia colocar o local ou poderia colocar apenas LinkedIn.

O software lhe traz alguns resultados que já pode utilizar; entre eles, vagas e outras informações. Mas vamos supor que você quisesse achar empresas de consultoria em um primeiro momento para criar a primeira lista. Então vai colocar "consultoria em gestão empresarial" e colocar, por exemplo, "Rio de Janeiro".

O que ele vai trazer como resultado? Primeiro, empresas que estão anunciando normalmente estão atrás de novos clientes. Mais embaixo, usando a busca do Google, ele vai lhe dar a localização. E depois você tem o resultado orgânico: "Boechat", "consultoria de empresas", "diferencial". Então você pode clicar em uma por uma e começar a construir a sua lista.

DEMANDA INFINITA

Na busca, olhando por localização geográfica, para quem faz visita de campo e visita presencial, ela é relevante, pois mostra mais ou menos onde é que esses leads estão. Aí você pode ver a quantidade de resultados que existe, pode ver que tem bastante resultado para consultoria no Rio de Janeiro. E aí você pode ir em uma por uma, construindo.

No site você já tem o telefone da empresa, no Rio e em São Paulo; indo em "empresa" muitas das vezes o site vai lhe dar o cargo das pessoas envolvidas; e aqui tem uma coisa interessante, ele vai dar o LinkedIn da empresa. Lá você consegue ver uma série de informações: a quantidade de funcionários que essa empresa possui; se você conhece quem é o decisor; as publicações que eles fizeram; o "sobre" muitas vezes vai lhe trazer o telefone dessa empresa; e você vê se tem alguém conectado com você que trabalha lá.

Outra forma de fazer isso é via o próprio LinkedIn; e agora estou falando do LinkedIn gratuito. Você entra no LinkedIn. Quando vai em "pesquisar", tem algumas opções. Imagine que vai pesquisar por CRM, quer uma empresa de CRM. Você pode buscar por pessoas, vagas, conteúdos ou mudar para empresas; ele já lhe traz as empresas de CRM. Você pode mudar para "pessoa", ou pode pesquisar por grupo; mas ele já lhe dá uma lista boa de empresas que pode ir atrás.

Mais especificamente, você quer um "gerente de vendas de uma empresa de CRM"; ao mudar para "pessoas", o programa pode trazer 420 mil resultados. Mais para cima, em "todos os filtros", você consegue fazer alguns tipos de filtro. Filtrar apenas por pessoas no Brasil ou ainda pedir pessoas que passaram por uma empresa específica e que sejam de algum setor. Só ao aplicar dessa forma os resultados podem cair para menos de cem, por exemplo.

Softwares de Cadência

Aí você poderia pedir por região, Araruama e região, e Rio de Janeiro também. Pode ser que os resultados se mantenham no mesmo número. O que você pode fazer? Pode pedir apenas pessoas que são suas conexões, também chamadas de conexão de 1° nível. Muitas vezes, o resultado cai para oito.

"A partir dessa lista o que vou fazer?" Existem algumas opções, mas basicamente você vai levar isso para uma planilha na qual vai começar a construir a sua lista de prospecção.

Fechando o LinkedIn, você pode, por exemplo, ir no perfil da pessoa e ver se ela tem os dados abertos. Em "mais informações" você consegue salvar o perfil da pessoa em PDF e solicitar uma recomendação; pode também pesquisar em "informações de contato" se a pessoa tem o e-mail aberto, em que cidade mora e trabalha etc.

Para quem vende para negócios mais tradicionais, que não estão no LinkedIn, e que muitas vezes não têm nem site, uma excelente ferramenta para você achar o contato é a Telelistas. Na Telelistas você consegue fazer uma série de buscas por atividade. Digamos que você esteja atrás de uma empresa de contabilidade; pode botar o nome da empresa ou o nome da pessoa que quer; pode colocar a região e buscar.

Então o software pode trazer as empresas de contabilidade que estão no Rio de Janeiro; você poderia pedir apenas empresas que também trazem e-mail, aí você dá mais uma refinada. Quando você clica em "WhatsApp", o software já mostra o telefone celular da empresa que pode ir atrás; pode até abrir o WhatsApp para você enviar mensagem ao prospect.

Fechando o bloco sobre como fazer tudo isso sem ferramentas, você viu três formas: via Google; via LinkedIn; e via Telelistas.

DEMANDA INFINITA

Os links de todos estarão disponíveis e são ferramentas mais simples.

Agora você vai conhecer as mais avançadas. Existem plataformas que permitem construir listas. Uma em especial, muito usada na Growth Machine nos projetos de consultoria, é a plataforma Next. Trata-se de uma plataforma de inteligência de dados. Eles têm planos que começam em R$699 e planos que vão até o infinito de acordo com a quantidade de leads e e-mails que você precisa — e você pode ir aumentando para ter mais informação.

A primeira coisa que a Next faz para você é dar essa visão do mapa do Brasil, com todas as empresas que tem em sua base. E com a opção de você fazer uma busca. Digamos que ela mostre 19 milhões de empresas dentro de seu banco de dados espalhadas pelo Brasil. De cara você verá que há uma concentração maior de empresas em São Paulo, com 3 milhões de empresas; depois 1 milhão no Rio de janeiro; 1 milhão em Minas Gerais. E aí, para cima, esse número vai ficando um pouco menor. Mas, mesmo assim, no Rio Grande do Sul, no Paraná e em Santa Catarina há uma boa quantidade.

Entrando mais a fundo, ele permite fazer três tipos de busca para construção de lista.

- **Por empresas:** onde você consegue buscar filtro, atividade econômica, segmento ou natureza jurídica; em setor, você pode buscar, por exemplo, aquelas empresas de contabilidade do exemplo anterior; pode ir em empresas de contabilidade e consultoria e pode sair de lá com 85 mil empresas no banco de dados deles.
- **Pela matriz:** se você vende para decisor, é melhor trabalhar com a matriz — já cai para 84 mil.

Softwares de Cadência

- **Por estado:** dando uma olhada no Rio de Janeiro, ele já para de mostrar todo mundo e mostra só o Rio. Nesse caso, seriam 7.818 empresas que trabalham com contabilidade no estado.

Você poderia continuar refinando essa busca, por uma cidade; por uma localização; por um tipo de capital social; por um faturamento informado. Digamos que você procure empresas que faturam mais de 1 milhão e menos de 100 milhões; o número é de apenas 403. Assim, nesse primeiro filtro, já foi uma série de opções. Lembrando que nesse exemplo o foco é no estado do Rio de Janeiro e o software está mostrando onde tem empresas de contabilidade espalhadas nessa região, bem como a quantidade de sócios (961 sócios), a quantidade de e-mails existentes e a quantidade de telefones fixos e celulares. Ele considera o faturamento médio dessas empresas de R$343 mil.

A partir daí você já pode construir sua lista e ir para extração ou pode continuar buscando.

Para quem vende para pessoa física, ele tem também uma opção. Primeiro começa com uma mancha de concentração de pessoas, e permite refinar as buscas. No caso de pessoa física você consegue buscar:

- *Faixa etária:* digamos que está procurando pessoas que tenham de 30 a 49 anos.
- *Gênero:* o seu produto é para o público feminino.
- *Região:* desta vez você quer mulheres que estejam no estado do Espírito Santo.
- *Ocupação:* profissionais da área de direitos gerais, ou seja, você vai falar com advogados.

DEMANDA INFINITA

Resultado: 21 mulheres, 55 telefones e 31 e-mails. Para quem é B2C isso ajuda bastante. Você poderia fazer um filtro por formação, então eu quero formação específica ou quero uma renda, "Ah, para mim só tem sentido se forem pessoas que ganhem de 18 a 200 mil"; você encontra 1.800 mulheres no Espírito Santo com essa renda.

Quando você pensar em estratégia, pode estar olhando para filtros como: escolaridade, interesses em comum, ramos da estética, brinquedos, carros, e-commerce, turismo, luxo, internet, pet shop. Outro exemplo: você quer pessoas que tenham interesse em pet shop. Se é importante que a pessoa seja sócia de empresa, então você quer só pessoas que sejam sócias de empresas (e já pega um poder aquisitivo um pouco mais alto). Ou ainda, quer apenas contatos que possuam celular; que são beneficiários do Bolsa Família ou que são aposentados.

Aí tem-se a chamada "presença digital". Nesse caso, o que o software mostra? Ele mostra uma infinidade de filtros para você identificar a presença digital de uma empresa. Voltamos à contabilidade. Exemplo de novo: empresas que tenham de 11 a 50 funcionários; que estejam localizadas no Rio de Janeiro. O software traz os resultados já com um faturamento do lado e o LinkedIn dessas empresas; você pode clicar e ir ao LinkedIn da empresa de contabilidade. Pode entrar no detalhe, o que ele vai me mostrar? Os dados dessa empresa: quem são os sócios; os e-mails desses sócios; o telefone celular desses sócios — e daqui você já pode partir para o ataque.

Voltando nos filtros, o primeiro é o "empresarial", só que dessa vez você pode fazer o filtro pensando no que se chama de filtro estratégico: empresas que tenham mais de dez funcionários e mais de dois sócios; que sejam de porte médio e pequeno, que

Softwares de Cadência

não sejam micro; que sejam LTDA; com o e-mail dos sócios, telefone fixo e o celular.

No caso do próximo software, você verá o Snov.io. O Snov.io é uma startup da Ucrânia que permite tanto prospectar por dentro dele quanto construir lista. Você pode ir em "criar" e ele dará uma opção gratuita de até cem créditos; depois disso o primeiro plano é o 1000 e custa R$39.

O que você consegue fazer com o Snov.io? Você vai em "tools" e consegue pesquisar por um domínio na internet; então imagina que você quer vender para uma consultoria de contabilidade chamada Accenture. Você dá um *search* e o software mostra quais e-mails da Accenture Brasil ele encontrou e todas as pessoas da Accenture que ele localizar.

Outra ferramenta que ele possui é o Book Domain. O que é o Book Domain? Você pode sair pela internet pesquisando uma tecnologia ou uma característica e depois fazer upload de e-mails dentro, e ele vai pesquisar. Basta pegar um arquivo no seu computador (do Pardot, por exemplo, que é a solução de automação da Salesforce), dar um "importar" e pedir para o software ir atrás dos leads em "prospect" ou "e-mail". E pode pedir para ele mostrar o resultado. O que ele achar você adiciona.

Você também consegue fazer *social search* dentro do Snov.io. É possível importar pessoas, a partir de um CSV, e dar uma analisada. Você pode ir por e-mail a partir dos nomes das pessoas criando também uma lista; e pode criar um link de busca, por exemplo: diretor de marketing que esteja em São Paulo. Ele abre o LinkedIn com essa busca. E poderia fazer a mesma coisa no Google.

Além dessas, tem a ferramenta *technology checker*. Imagine que você vende o seu produto para quem tem uma tecnologia

DEMANDA INFINITA

específica como, por exemplo, Vtex. Pode ir atrás, por exemplo, de pessoas que usam o Vtex; e aí ele traz a relação de resultados que você pode trabalhar para extrair. Você pode fazer a busca por indústria; pode fazer a busca por número de funcionários; por país e por linguagem.

Quem usa Zoho CRM consegue integrar; você vai fazer o seu fluxo de cadência lá. Para quem hoje não tem ferramenta de tracking, o Snov.io tem um plugin que você pode instalar no navegador para analisar se os e-mails foram abertos, se foram clicados; então tudo isso ajuda a ter mais informação.

Depois do Snov.io, é hora do Lusha. Uma plataforma relativamente cara cujo grande benefício é o fato de conseguir o telefone celular das pessoas que estão no LinkedIn. Ela vai fazer você ganhar muito tempo na construção da sua lista.

Vale a pena falar também do Findthatlead. É semelhante ao Snov.io; ele não tem a opção da busca por tecnologia, mas permite que você faça diferentes buscas e construa a sua lista de prospecção a partir delas.

O que se consegue fazer com ele? Uma pesquisa através de um upload a partir de um CSV ou de uma planilha que você tenha no meu computador. Outra coisa, ele já tem a ferramenta de verificação de e-mail; então ele valida se o e-mail está certo ou errado. Ele tem uma ferramentinha para disparo de e-mail que você pode configurar.

Ele mostra a você a relação dos prospects que já trouxe. Você pode fazer por localidade, por título, por tamanho. Por exemplo, você quer Rio de Janeiro, pessoas que tenham no título do cargo "gerente", e que a indústria seja de software; você pode tirar a "company" e uma "word" que pode ser CRM. Assim ele vai gerando a sua lista.

Softwares de Cadência

No *my lead* você consegue ver os leads que tem já criados; aí você vai vendo o que já pesquisou e pode tanto exportar para o CSV, para usar dentro de uma outra ferramenta, quanto ir para o *send*.

No caso do Snov, você tem a mesma opção. Por exemplo, entre em sua lista e clique pedindo para ele exportar. Outra opção que você tem é dentro da Next, da mesma forma, a partir de um filtro, pedindo para exportar. Você quer só telefone, que possua nome fantasia e apenas empresas médias, e aí você vai para extração. Quando você vai para extração, fazendo uma busca, digamos em Rio Grande do Sul, você obtém uns 6 mil contatos. No filtro para uma busca avançada, você pode selecionar apenas quem possui e-mail e telefone dos sócios.

Essas são as principais ferramentas. Uma terceira ferramenta é o Sales Navigator. O Sales Navigator pode ser considerado uma ferramenta de construção de lista, ele é a ferramenta paga do LinkedIn, custa um pouco mais de R$300 por mês e permite que você faça buscas muito avançadas.

Ele permite, por exemplo, acessar "gerente de vendas", e aí ele dá muitas opções de filtro. Primeiro a localidade; depois setor. Você pode pedir relacionamento: Brasil, Rio de Janeiro; relacionamento, pessoas que já são conectadas com você ou não; poderia buscar por um tipo de empresa, um setor, pessoas que trabalham na área de software; número de funcionários; nível de experiência, há quantos anos essa pessoa está nesse cargo; função, qual departamento essa pessoa trabalha; cargo, qual cargo que ela ocupa; e outros marcadores.

"Qual a diferença entre usar o Sales Navigator e usar o LinkedIn normal?" O Sales Navigator vai dar a você muito mais opções

DEMANDA INFINITA

de busca e de filtro. E a outra opção que você tem é pesquisar por empresa.

• ■ •

Validação de e-mail

———

Uma das ferramentas para você conseguir validar os e-mails de prospecção é o Emailable. Um processo muito eficiente para você garantir que está disparando para as pessoas certas, é você usar um validador de e-mail no meio do seu processo de prospecção. Mas como funciona o Emailable?

Uma vez logado, você cai numa primeira tela na qual ele mostra: o seu histórico de exportação de e-mails, quantos e-mails já exportou para a base dele e uma opção de você fazer uma nova exportação. Então, quando você for em "selecionar para integrar", terá a opção de trazer do seu computador (do MailChimp ou do Hubspot). Ele vai lhe mostrar quais listas pode subir.

Nesse processo, ele começa a verificar cada um dos e-mails e vai separá-los em quatro níveis:

- **E-mails válidos:** e-mails que ele tem certeza e segurança de que servem para o disparo.

- **Válidos, mas com risco:** que são e-mails que ele sabe que existem, porém que você tem o risco de cair em um spam.

- **E-mails inválidos.**

- **E-mails desconhecidos.**

Softwares de Cadência

197

O que você tem que tomar cuidado? Se você dispara para uma lista de prospecção com esse volume de e-mails inválidos, você tem um risco muito grande de queimar o seu IP, queimar o seu SMTP e ter um problema em relação às suas próximas prospecções.

Depois que você termina de importar, tem a opção de exportar essa lista; quando você vai em exportar, ele dá a opção de exportar todos os e-mails que você validou ou só uma parte. O ideal é você trabalhar mais com os que estão garantidos. Então, clique em "entrega garantida" e "exportar lista". A partir disso ele prepara uma extração e você vai conseguir baixá-la para o seu computador.

Atenção: fez o seu processo de construção de lista, usou as ferramentas de construção de lista, achou uma lista bacana; antes de começar a sua campanha de prospecção, valide. Você vai garantir uma maior entregabilidade dos seus e-mails outbound; não vai correr o risco de perder o seu domínio; vai garantir que a sua comunicação sairá com um nível de eficiência maior.

Principalmente pelo seguinte fato: imagine que uma sequência dos e-mails que você quer prospectar está dentro de um servidor, por exemplo, como o Gmail; se você manda cinquenta e-mails para endereços inexistentes dentro do Gmail, a partir desse momento o Google passa a entender que você está tentando fazer algo fora do termo de uso; você está tentando mandar e-mail para pessoas que não conhece. E o que ele faz? Diminui a sua entregabilidade.

Você pode chegar a um ponto de cair na aba "promoções" do Gmail ou pode cair em um ponto pior ainda que é a aba de spam, que aí ninguém mais recebe o seu e-mail. E quando você entra para uma *black list* de spam é muito perigoso; você vai gastar

DEMANDA INFINITA

um tempo grande para conseguir resolver esse problema. Então aí vai o conselho de novo: valide antes de começar a prospectar.

■ ■ ■

Prospecção automática ou manual

Quando se fala sobre construir um processo de cadência, um processo de prospecção, ou um fluxo outbound, há sempre uma dúvida se ele será mais automático ou mais manual.

"Quais são os prós e os contras de fazer um ou fazer o outro?" Antes de tudo, o ideal é entender a diferença. Quando você está em um software chamado Meetime, que é específico para fluxo de cadência, em que você consegue criar as atividades de prospecção para o seu time, você tem sempre a opção de fazer uma cadência:

- **Manual:** executada por uma pessoa.
- **Automática:** que vai disparar todos os e-mails em sequência, de maneira ordenada.

Quando que você usa uma ou outra? As cadências automáticas tendem a dar menos efetividade, mas, quando você tem um volume grande de empresas para prospectar e pouco tempo, ela vai ser mais eficiente.

Mas você pode dizer: "Eu trabalho sozinho, sou representante, sou vendedor (sou o que quer que seja) e não tenho meu time

Softwares de Cadência

hoje de prospecção." Aí o melhor é criar uma cadência automática e, a partir dela, prospectar aquelas pessoas que interagiram com o seu conteúdo, que abriram o seu e-mail, que viram a sua mensagem e que interagiram de alguma forma com a sua estratégia de prospecção.

Se você tem um time de outbound, de SDRs, e você vai atrás de tickets mais altos, o ideal é usar as chamadas cadências-padrão.

Dentro de uma cadência outbound você tem diferentes atividades que vão ser executadas no processo de prospecção: pesquisa social + envio de e-mail + envio de e-mail.

Quando busca uma cadência automática, você vai ver que está trabalhando muito mais o disparo de e-mail. Você já tem o e-mail 1, 2 e 3, espaçados em 2 dias. E o que você coloca como regra é: quando será disparado e qual será o gatilho para ele mudar de cadência. Você precisa priorizar esse gatilho, pois, quando usa um gatilho, é porque deve disparar; se você tem uma resposta, vá para cima da oportunidade.

Outra ferramenta usada dentro desse processo de cadência é o Snov. O Snov tem uma ferramentinha na qual você consegue criar regras de prospecção, que eles chamam de *e-mail drip campaign*. Clique no *e-mail drip campaign* e ele vai mostrar quantas mensagens você tem dentro dessa estrutura.

Se você quiser ver na edição, ele vai mostrar as opções. Por exemplo:

- O primeiro e-mail que você dispara para todo mundo que está na lista.
- Depois um *trigger* que você dispara se o cliente abriu ou não abriu.
- Se o cliente não abriu, você manda o próximo.

DEMANDA INFINITA

- Outro *trigger*, se ele não abriu você manda o próximo.
- Sempre em um intervalo de dois dias, e o objetivo que você teria em todas as ações.
- No fim você joga uma tag de "não engajou" ou "clicou na campanha".

Essa é a diferença de um e de outro, e da mesma maneira você consegue fazer no LinkedIn, onde é possível ir atrás do prospect para disparar, interagir, enviar mensagem, um a um; ou você pode usar o Dux-Soup para fazer cada um desses processos e acelerar as suas vendas.

. . .

Cadastrando o processo no software

Este é o momento de cadastrar o seu processo de prospecção outbound dentro de uma ferramenta. Veja agora em três ferramentas distintas: Meetime, Snov e MixMax.

Você verá nas três ferramentas valores de compra distintos, permitindo que você as contrate independentemente do investimento atual.

Softwares de Cadência

Meetime

É uma ferramenta mais completa, que você vai gastar um pouco mais de dinheiro para fazer esse trabalho, principalmente pelo fato de você já ter um time, já ter uma operação; ele faz muito mais sentido para quem já está mais estruturado.

Snov.io

É uma ferramenta mais acessível, na qual existem planos a partir de US$39 e você consegue começar mesmo sozinho, sem ninguém.

MixMax

É a ferramenta mais barata das três, ela custa US$9 e você já tem uma sequência de e-mail com tracking, com tudo, que vai lhe permitir escalar.

■ ■ ■

Meetime

O seu primeiro passo é ir em atividades, onde você vai cadastrar cada uma das suas atividades de prospecção. Se você tem uma atividade de pesquisa, que normalmente é voltada para descrever o que o seu cliente faz e tudo o mais, então você pode ir em "levantamento de dados" e aí você vai falar o que tem que pesquisar: tamanho, tempo de mercado, cargo, número de funcio-

DEMANDA INFINITA

nários e demais pontos que são relevantes para o seu processo. Salve a pesquisa e está criada.

O segundo ponto é o chamado de *social-point*. Os *social-points*, como vimos, são as interações nas redes sociais. Você alinha as redes que definiu no seu Kanban. Pode ser: LinkedIn; Facebook; Twitter; Instagram; WhatsApp e outros. Depois de fazer o "adicionamento" do *social-point*, você salva e vai para o próximo.

Em e-mails é onde você vai gastar um pouquinho mais de tempo fazendo. O conselho é sempre dizer qual a etapa do e-mail e qual o processo. Exemplo: "Processo outbound, empresas de software, e-mail 1." Descreva, faça a abertura de porta, e aí você vai trazer o e-mail. Antes de tudo, você define o assunto e depois informa a estrutura.

Veja este exemplo de cadência:

- **Assunto:** "Preciso de 26 segundos."
- **Estrutura do e-mail:** (não precisa botar a sua assinatura, no Meetime você parametriza a sua assinatura) "Olá, '**primeiro nome**'". Uma coisa que você deve levar em conta quando está fazendo esse processo é usar uma ferramenta de HTML. O Sublime é uma boa ideia para limpar o HTML do e-mail, tem na internet para você baixar e é uma ferramenta gratuita. Você vai precisar limpar porque muitas vezes o código-fonte está sujo, com negrito. Depois de uma ajustadinha, você cadastra as atividades, salva o e-mail e está pronto para ser usado.
- **Cadastro da ligação:** se você escreveu o script de ligação, agora você vai colocar o script para a cadência; da mesma maneira, você pode botar as variáveis que ajudam o seu SDR ou você quando for prospectar a fazer as perguntas certas.

Softwares de Cadência

Algo como "template de cold call", "como falar" e aí você vai colocando cada um dos seus pontos; pode salvar, está criado.

Esse é o primeiro passo para construir o seu fluxo de cadência. O segundo passo é criar a cadência efetiva. Veja como criar uma cadência-padrão e depois uma cadência manual.

Na cadência-padrão você dá um nome. Mas o que você decide durante a construção da cadência:

- Prospecção outbound — DI; de que tipo ela é, poderia ser inbound passivo (inbound ativo você está indo atrás dos seus SQLs, inbound passivo eles que o procuraram).
- Dentro do seu time que participa dessa cadência.
- Qual é o nível de prioridade. Se essa é a sua cadência principal, poderia colocar como muito alta.
- Quantos dias, no fim da cadência, ela é perdida automaticamente.
- Qual é o motivo de perda que você vai usar, novo contato.

Para quem usa o Zoho CRM, você consegue já jogar uma oportunidade ganha para uma etapa do seu processo de vendas. Você pode colocar em SQL, vai cair sempre para você e vai ser manual. E aí você chega na etapa em que você vai trazer aquelas atividades que construiu anteriormente.

Você pode migrar:

- No primeiro dia você vai adicionar que vai fazer uma cold call onde criou outbound e-mail 1.

DEMANDA INFINITA

- Após isso, vai trazer o intervalo que definiu no seu fluxo de cadência, no seu Kanban, e vai para o dia 3.
- Agora vai para o "e-mail 2"; vai trazer mais uma discovery call, e assim você vai construindo o seu fluxo de cadência, colocando todos os dias e todas as etapas e avançando no seu processo.

Para adicionar oportunidades, você vai em "leads" e pega uma lista de contatos. Vai importar uma lista. Pode pegar uma lista qualquer; marque quais são os campos (site da empresa, e-mail, primeiro nome, segundo nome).

Quando você importar, escolha qual é o nome dessa lista, escolha para qual cadência esse prospect vai cair e que dia que ele começa. Quando você dá um "próximo" ele já começa a importar.

∎ ∎ ∎

Snov.io

A segunda ferramenta é o Snov.io. Nele, quando você clica aqui em *e-mail drip campaign* ele dá a opção de primeiro criar e cadastrar cada um dos templates. Exemplo:

- Quatro e-mails para fazer o processo de prospecção; e-mail 1, e-mail 2, e-mail 3 e e-mail 4.

Softwares de Cadência

- Se quiser criar do zero, você diz para onde ele vai cair. Qual é o nome desse template e o assunto que vai usar; você pode botar tanto emojis quanto variáveis.
- E a estrutura do que você vai fazer. Ou até mesmo trazer para este ponto um vídeo ou uma imagem do seu YouTube. Basta colocar a URL e trazer.

Fechado esse ponto, você volta e agora vai fazer a ligação entre cada um desses e-mails. Sempre tem um start. Qual é o próximo passo após o start? Você arrasta, solta e vai ligando. Clicando dentro da atividade, ele mostra a opção de puxar um e-mail, escrever um do zero ou usar a partir de um template. Você vai nos seus templates, pega seu primeiro e-mail e pronto.

Depois de cada e-mail, o aconselhável é colocar um gatilho, porque isso vai fazer você mandar de novo ou parar. Dentro do gatilho você vai configurar qual é a condicional que faz esse gatilho funcionar. Pode ser a partir da abertura ou a partir do clique. Você vai colocar um prazo (24 horas, por exemplo) e só vai mandar no próximo dia. Nesse momento, é o famoso "abriu ou não abriu?". Se não abriu, você vai mandar um novo e-mail. Abriu, você coloca ele no fim. E terminou, bateu o seu objetivo; você dá o nome do objetivo, "e-mail aberto". Poderia ser abertura ou poderia ser clique.

E assim você vai construindo um a um e no final você salva e dá um nome para a campanha. Manda salvar e começar. Agora é só jogar os leads para dentro.

· · ·

MixMax

Se você for comparar os preços, vai ver que este tem uma opção inicial que começa em US$9; no plano mensal ele começa em US$12. Pode fazer um teste gratuito, você não vai gastar nada.

Ele mostra:

- **Seus e-mails.** Clicados, abertos etc.
- **Suas regras de cadência.**
- **Os insights,** mas só no plano mais caro.
- **Sua sequência.**
- **O que você tem de atividade.**
- **Os contatos.** Tudo que você tem nos últimos trinta dias, na vida inteira ou nos últimos doze meses — todo mundo que em algum momento você interagiu.
- **Alguns templates de convite de reunião.** Você pode criar via Zoom e tudo o mais.
- **Links úteis.** Você pode precisar para o seu processo.

Na sequência você vai definir cada um dos e-mails para usar no seu processo. Quando você for em *stage* verá todos os tipos de e-mails existentes. Aí você define a regra de quando ele envia e quais são as variáveis.

Se quiser usar um template seu, você copia o template de e-mail, cola e vai começar a substituir. Para colocar as variáveis, ele tem a opçãozinha de variável; exemplo "first name". Você consegue inserir: a sua agenda; uma pergunta se quiser; um sim ou não; um questionário; uma imagem; um artigo; um slideshow; alguma coisa anexada na nuvem que vai dar a você o *tracking*; um GIF; um vídeo ou um *stick*. Fez o primeiro, vai para o segundo. E assim você vai indo, estágio por estágio, até que finalmente termina o seu fluxo de cadência baseado naquilo que você criou.

O MixMax tem um plugin que você instala no seu Chrome; assim, se alguém colocar MixMax no Google, já cai dentro da loja de aplicativos do Google, onde vai instalar e você passa a fazer quase tudo que foi feito dentro do seu próprio e-mail.

Essas são as três ferramentas a serem usadas dentro do processo de construção de lista. Aproveite para criar um teste em cada uma delas.

• • •

Prospectando dentro do LinkedIn no automático

Falando sobre o Dux-Soup; primeiro de tudo ele tem três opções de planos: o plano gratuito, que permite visitar outros usuários do LinkedIn no piloto automático; uma versão chamada *Professional*, em que já é possível automatizar algumas atividades, entre elas mandar mensagem; e por último uma versão turbo, que permite fazer follow-up e ações mais avançadas.

Já no início ele dá a opção de instalar no seu navegador. Clicando nessa opção você já vê o plugin; adiciona e ele já aparece em cima.

DEMANDA INFINITA

Indo direto no LinkedIn, imagine que você quer vender para pessoas que trabalham com vendas. Basta dar uma busca por "vendas", clicando no Dux-Soup e consigo pedir algumas ações. Primeiro de tudo, você consegue pedir apenas para ele visitar perfis. Clicando no ícone de configuração, você vai desabilitar o envio de mensagens e pedir para, nesse momento, apenas visitar pessoas. Essa função já fica salva; você clica e ele vai disparar as visitas.

Ele tem algumas rotinas internas nas quais trabalha antes de começar a visitar e pausa por algum tempo. Ele vai fazer vinte visitas e depois parar por cinco minutos. É uma questão de programação. Ele mostra um timer: acabou o tempo, ele começa o processo de visitação.

E o que o Dux-Soup vai fazer? Ele é um automatizador de atividades que permite a você colocar a sua prospecção dentro do LinkedIn no piloto automático. Usando esse plugin você consegue visitar perfis, enviar mensagens, seguir e automatizar todo o fluxo de prospecção e social selling. A plataforma possui diferentes planos e funções, e é fundamental analisar qual possui o melhor custo-benefício para sua necessidade.

Então, quando você começa essa estratégia de visitar outras pessoas, automaticamente ele parte para uma lógica de chamar a atenção dessas pessoas que você está visitando, e, consequentemente, ao atrair essa atenção, você está trabalhando para atrair essas pessoas para o seu perfil.

É importante que, antes de começar a usar o Dux-Soup, você esteja com o seu perfil otimizando, para que quando uma pessoa fizer uma visita ela se interesse em saber mais sobre o que você faz, saber mais sobre o seu trabalho, para que depois finalmente consiga avançar para um papo.

Softwares de Cadência

Como a ferramenta informou no início do processo de visitação, ela vai visitar vinte pessoas, e está buscando para tentar entender se essas pessoas têm dados públicos ou não. Foi lá, fez a visita no perfil, entendeu se tem dado público; não tem dado público, ela parte para o próximo perfil.

Você conseguiria pedir para voltar nas habilidades dessa pessoa, e isso ajuda você a fazer mais pontos com ela. Ele espera dezenove segundos antes de partir para o próximo. Ele realiza suas ações e vai guardando o perfil para caso você queira fazer uma extração e fazer em um segundo momento um envio de mensagem ou um adicionamento, ou alguma coisa semelhante.

Após começar a trabalhar, ele espera mais 35 segundos antes de partir para o próximo. Por que o Dux-Soup é tão criterioso em relação ao processo e não passa por todos os perfis rapidamente? Para não atrair a atenção do LinkedIn; o LinkedIn não gosta desse tipo de ferramenta. Quando ele sabe que você está usando um plugin que automatiza tarefas, ele ameaça excluir o seu perfil; porque, na verdade, o termo de uso do LinkedIn diz que não se pode usar plugins como esse.

Aí, digamos, ele partiu para a segunda visita. Você pode deixar o seu computador ligado fazendo essas visitas enquanto você faz outra coisa ou você pode deixar essa aba em paralelo.

Você também pode pedir para ele adicionar pessoas e incluir mensagem. Para fazer isso o que você vai precisar fazer: numa lista de nomes entre os que já são sua conexão e que não são, você pode separar e pedir para ele trazer apenas pessoas como segunda conexão.

O que você vai pedir então? Pode pedir para ele adicionar e falar: "Olá, '**primeiro nome**', gostaria de fazer parte da sua rede. Abraços.", *visit and connect*. Ele começa a trabalhar da mesma

DEMANDA INFINITA

maneira como a anterior, sempre respeitando um prazo de ataque porque não quer correr o risco de vir a ser bloqueado se for rápido demais.

Digamos que ele escolheu o perfil de uma pessoa chamada Tânia. Ele tem algumas ações e a visita para simular como se fosse o comportamento de uma pessoa; ele não achou o e-mail dela, procurou nos dados dela e o e-mail não está visível; em seguida ele vai adicioná-la. Vai personalizar uma mensagem e enviá-la. Então, ele pausa por trinta segundos antes de partir para o próximo.

Outra função que tem é o que ele chama de *scan profile*. O scan profile é você criar uma regra para ele começar a visitar cada uma das pessoas que está na lista de resultados e construir uma lista para que se possa trabalhar. Com essa lista você pode voltar no Snov.io e enriquecer com e-mail; você pode pegar outros dados.

Quando você acessa "download data", ele dá a opção de baixar todo mundo que você já visitou. Aí você pede para ele ajudar a baixar. Ele vai até o servidor e fornece a opção de fazer download de todos esses contatos.

Você pode pedir para ele dar todos os dados ou apenas os dados escaneados. Depois de baixar a lista, o que você vai fazer? Vai subir para dentro do seu Google Drive — é um upload de arquivo. Ele gera um CSV que você pode abrir na planilha do próprio Google. Vai vir bem completo sobre o contato: qual é o link; o primeiro nome; segundo; de qual empresa ele faz parte e qual é a região dele.

Para fechar as principais funções, você tem algumas mais avançadas:

Softwares de Cadência

- Ao clicar na engrenagem, ele dá a opção, por exemplo, de mandar mensagem para pessoas que são sua primeira conexão.
- Você pode tentar se conectar com as segundas, já fica configurado.
- Você pode mandar e-mail para quem queira em grande volume — o e-mail é a mensagem do LinkedIn.
- Pode começar a seguir a pessoa dentro do LinkedIn.
- Também pode se desconectar de quem não quer estar conectado.
- Ainda é possível salvar perfil como lead dentro do Sales Navigator.
- Por fim, pode gerar PDF a partir do perfil, fazer *endorsement* e fazer ações específicas em cima das tags.

Toda vez que você visitar um perfil, ele dá uma opção de adicionar uma nova tag. Quando fizer isso, quase que terá um CRM. E, toda vez que visitar esse lead, terá essa informação; e, se você quiser depois fazer um disparo específico só para quem está com essa tag, consegue começar uma sequência de mensagens.

. . .

CAPÍTULO
08

Social Selling

Social Selling para gerar Demanda Infinita

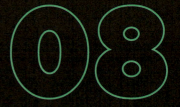

Social selling nada mais é do que você criar um processo de "vendas sociais" ou usar as redes sociais para alavancar suas vendas. Se você faz vendas B2B, ou mesmo você sendo B2C; se busca alianças e parcerias com grandes marcas que podem alavancar a sua visibilidade, o LinkedIn é uma excelente plataforma. E ele é a plataforma número 1 quando a gente fala de social selling porque lá as pessoas efetivamente estão para negócio.

"Mas fazer social selling no Instagram ou no Facebook não dá negócio?" Dá sim. Só que o LinkedIn é uma rede social na qual a pessoa está lá para fazer negócios; no Instagram muitas vezes as contas são mais pessoais, então é mais difícil puxar um assunto sobre negócio. Mas isso não o impede de testar, treinar e ver se você consegue.

Então o que você tem que pensar quando se fala de social selling é como você usa a "ferramenta" na sua empresa. Como qualquer tipo de processo em que vai trabalhar, você precisa estruturar. Precisa entender quem é o seu cliente; precisa entender qual o melhor formato de abordar; você tem que entender em qual rede ele está mais ativo; qual o melhor horário; que tipo de conteúdo ele engaja mais. E aí é quando se fala de mudar de vendas 1.0 para vendas sociais.

DEMANDA INFINITA

A expressão "vendas 1.0" se refere à compra de listas, fazer cold e-mail e cold call. Quando se fala de social selling a questão é que, primeiro, não se trata apenas de abordar as pessoas, mas de produzir conteúdo relevante. O conteúdo é o combustível do seu carro; um carro sem gasolina não se movimenta, uma estratégia de vendas sociais sem conteúdo vai dar 10% do resultado.

Só que o grande hack é entender claramente quem é o seu cliente, entender quais são as dores dele e produzir conteúdo com o objetivo de resolver essas dores e ajudá-lo a resolver esses problemas. Por mais que você prospecte, mande mensagem e aborde muitas empresas relevantes, uma parcela considerável das suas vendas vem graças ao seu conteúdo. E você conseguirá abordar as pessoas dentro do LinkedIn para vender porque elas, antes de você entrar em contato, podem ter assistido a um vídeo ou lido um artigo seu, e isso lhe ajudará a ter mais sucesso.

Vamos falar de três pilares-base para fazer o social selling funcionar:

Passo 1: Educar

Você precisa educar o seu mercado, ensinar o seu mercado. Se o seu cliente não compra o seu produto, muitas vezes ele não compra porque não tem informação suficiente; porque ele não entende como o produto vai ajudar; ou não entende qual é a relevância. Então você precisa educar, e educar não é falar "compre, compre, compre!"; é falar, "meu amigo, o meu conteúdo ajuda a fazer isso", "o meu produto ajuda a reduzir custo", "esse tipo de projeto vai fazer você ter isso", "isso vai fazer você ter mais resultado". Isso ensina o valor. Pense em organizar o seu conteúdo exatamente como se fosse um curso: quais são as maiores dúvidas; o que o aluno tem que aprender; que pon-

Social Selling

to você vai cobrar; que dúvida vai resolver; e aí você coloca diferentes itens que ajudarão o seu cliente a ter uma situação melhor.

Passo 2: Engajamento

Suas redes são um canal de mão dupla; você publica algo e as pessoas vão comentar, interagir e falar alguma coisa dentro do seu conteúdo. E a partir dessas interações você cria força e ganha mais relevância; o prospect vê que você não é apenas alguém que está distante, é alguém que está do lado dele, que vai ajudar, que responde a dúvidas.

Passo 3: Networking ativo

Lembra que na sua época de escola ou de faculdade tinha sempre aquela pessoa que queria ficar na aba de todo mundo, que nunca tinha dinheiro, estava sempre pedindo e nunca ajudava em nada? Esse cara é o cara que a gente foge. No networking é a mesma coisa. O que você precisa pensar: "Como eu gero valor para essa pessoa? Como ajudo essa pessoa?" Você precisa saber como produzir mais valor. Olhe para alguém no seu LinkedIn e pense que você quer um favor dele. "Poxa, o que essa pessoa está tendo de dificuldade?" Ligue para ela e fale: "Cara, tudo bom? Lembrei de você; você está precisando de alguma coisa? Consigo ajudar de alguma forma?" E aí, dois dias depois, uma semana depois, peça o favor para você. O segredo é estar sempre produzindo valor para as pessoas à sua volta, porque quando você só pede não está fazendo networking, está sugando.

Educar, engajar e network ativo. Muitas das pessoas que você vai abordar dentro de um processo de vendas sociais não estarão no momento de compra; mas quando estiverem, se você pro-

DEMANDA INFINITA

duzir conteúdo relevante, ela vai lembrar de você. Então, pense muito nisso.

Social selling não é sobre vender no LinkedIn ou vender nas redes sociais; social selling é sobre você criar uma estratégia de vendas sociais em que primeiro você educa, segundo você engaja, terceiro você usa o network — e por último você vende.

Neste módulo você verá como estruturar o seu processo. E o LinkedIn, sem dúvida nenhuma, é uma das melhores redes. Qual é o ponto no qual você precisa ter atenção? É se o seu cliente, o seu ICP ou o seu comprador está dentro do LinkedIn. Se ele não estiver, não adianta fazer nada no LinkedIn; mas pode ser que ele esteja no Facebook; pode ser que ele esteja no Twitter; pode ser que ele esteja no YouTube; você tem que achar qual rede social o seu potencial cliente acessa, seu potencial cliente usa. Hoje em dia todos nós somos sociais, eu garanto que em alguma rede ele está.

Não entenda como um tiro curto, como uma coisa que você vai fazer uma vez e já vai dar resultado. É uma jornada, uma maratona; então, quanto mais conteúdo você produzir, quanto mais valor você gerar, quanto mais ativo, quanto mais otimizado estiver o seu perfil, mais longe você irá. E tudo isso vai fazer uma diferença muito grande entre você ter sucesso com o LinkedIn ou você ser apenas mais um dos milhões de usuários que não conseguem colher resultados.

Além disso, existem algumas ferramentas que já foram comentadas que você pode usar para trazer mais retorno ou mais velocidade, como a Dux-Soup, um plugin do Chrome que acelera a interação com as pessoas. Outra ferramenta que é o Sales Navigator, que faz buscas mais profundas, lhe permite analisar

Social Selling

as pessoas; lhe permite fazer uma série de ações e com isso ter mais resultado.

Agora, é uma combinação de entender quem é o seu cliente ideal, criar um bom processo e usar as ferramentas. Nunca vai ser uma coisa isolada; combinando as três você estima um investimento que quiser e vai ter muito mais sucesso nas suas vendas sociais.

. . .

Como usar o LinkedIn no seu processo de prospecção

Então, dentro disso tudo, dificilmente o LinkedIn vai ser o final ou a única ferramenta que você usa; normalmente ele vai ser uma das etapas. O importante é observar o que você desenhou no processo de prospecção ou no seu Kanban Prospect. Você precisará ligar, mandar e-mail ou mesmo mandar WhatsApp; e terá ações dentro do LinkedIn.

No LinkedIn, basicamente, você terá as ações de interação social e as de pesquisa. Nessa rede é possível garantir os seguintes grandes valores:

> Primeiro, como ele é uma rede social que a pessoa alimenta com informações como cargo, empresa que atua, escolaridade e habilidades, você consegue analisar muito bem quem é a pessoa que vai prospectar. Muitas vezes você já consegue traçar o perfil psicológico e saber qual é a melhor maneira de abordar um contato com essa pessoa. Então, quando se fala de usar o LinkedIn na etapa de pesquisa, ele é uma ferramenta riquíssima para analisar e coletar informações sobre a pessoa para quem você quer vender.

> Outro ponto é o seguinte: no módulo de ferramentas você viu algumas ferramentas de *scraping*, que nada mais é do que você extrair informações do perfil da pessoa. Não é que ele quebra o LinkedIn para pegar esse dado, é que ele tem um banco de dados e vai usar informações que vê no LinkedIn para comparar e trazer a possível informação de contato. Muitas vezes, esses dados não estarão certos, mas algumas vezes sim.

Outra coisa que você faz além da pesquisa é adicionar, interagir com o conteúdo da pessoa e mandar mensagens; quem sabe você só vai conseguir mandar mensagens para pessoas que são a sua primeira conexão. Para as segundas e terceiras conexões só é possível enviar mensagens com o Sales Navigator, que é a ferramenta paga do LinkedIn.

Social Selling

Se é um usuário gratuito, você só consegue adicionar aquelas pessoas que são da sua segunda conexão, pessoas que são contato do seu contato. Quando você tem o Sales Navigator consegue ir até a terceira, que são pessoas que não têm ligação direta com você.

E por último, além do adicionamento, você tem as mensagens para as pessoas que são suas conexões. Primeiro, pense no LinkedIn como uma etapa do seu processo de prospecção e nunca como um fim. Você pode até deixar ferramentas prospectando no automático para lhe dar escala; mas ele vai sempre ser um *touch point* do fluxo de cadência que você construiu e desenhou lá dentro do seu processo do Kanban Prospect.

Analise se o seu cliente está no LinkedIn ou não; estando, excelente. Outra coisa importante de analisar é que tipo de conteúdo ele compartilha e de quanto em quanto tempo ele tem algum tipo de ação. Às vezes, tem pessoas que entram no LinkedIn uma vez por semana ou uma vez por mês. O LinkedIn tem o desafio do que ele chama de "usuários ativos", que são pessoas que se conectam com frequência.

Mas teste esse canal. Normalmente tende a ser um canal menos poluído; recebemos um monte de e-mails e mensagens, já o LinkedIn é um lugar em que você recebe menos mensagem. Pensa aí, quantos e-mails você recebeu esta semana? E quantos recados recebeu no LinkedIn? É muito menos, então você tende a ter mais sucesso ou ter mais efetividade na sua prospecção quando usa um canal que tem menos gente usando.

■ ■ ■

DEMANDA INFINITA

Otimizando seu perfil para vender mais

___

Não existe prospecção social sem uma preparação prévia do seu perfil do LinkedIn. Ter uma foto profissional, um bom título, uma descrição completa do seu perfil, assim como definir uma URL amigável que torna mais fácil divulgar seu perfil profissional.

Você também consegue ver exatamente o que as pessoas não logadas no LinkedIn vão ver sobre você. Você confere que pode habilitar ou desabilitar cada um dos blocos do seu perfil. Você pode desabilitar a imagem de fundo, deixando-a genérica. Você pode desabilitar o seu site, o seu resumo. Pensando por um lado funcional, deixar habilitado é aconselhável porque isso o deixa mais localizável e melhora a sua busca.

Depois que você deixou tudo habilitado, é hora de falar do perfil novamente. O que é importante ter: obter um "perfil campeão". Se o seu perfil não está campeão ele vai ter um ícone-zinho mostrando em que etapa você está. Preencha todos os campos; para ter um perfil campeão você precisa de um bom resumo, você precisa ter títulos, colocar a sua região geográfica, informar uma experiência profissional e informar uma formação. Se você preencher isso tudo o seu perfil já está profissional. Então, preencha tudo, pois esse conjunto todo vai lhe ajudar a ter mais credibilidade.

Na área das competências e recomendações você tem um importante hack para conseguir ter visibilidade e se posicionar como profissional. É muito válido trabalhar a parte de recomen-

Social Selling

dações e sempre ir dando recomendações para as outras pessoas que você conhece, pois isso faz elas o recomendarem de volta. Por último, informe se você já ganhou algum prêmio e o que você tem de projeto executado; traga informações relevantes que o ajudam a ter mais credibilidade e os grupos que você participa.

Outra coisa relevante: quando você está logado no LinkedIn e coloca na barra de endereço www.linkedin.com/sales/ssi, ele vai cair no seu *social selling index*. Também pode mostrar qual a qualidade do seu índice de vendas social. Ele analisa quatro pontos:

- O quanto a sua marca profissional está forte?
- O quanto você está pesquisando e localizando as pessoas certas?
- O quanto está interagindo e oferecendo insights?
- O quanto está cultivando relacionamento?

Ele também explica cada um desses pontos, e a única forma de você conseguir 100% é tendo o Sales Navigator.

Hacks para você ter um perfil bem otimizado:

1. Tenha uma boa foto de capa.

Sempre use a sua foto de capa para vender algo seu e isso o ajuda a gerar oportunidades qualificadas.

DEMANDA INFINITA

2. **Tenha uma foto profissional caprichada.**

Essa foto faz muita diferença entre você passar credibilidade e um aspecto não profissional.

3. **Deixe todos os seus dados de contato abertos.**

Se você é vendedor, quer ser localizado, e o ideal é manter os dados de contato abertos.

Outra coisa, em "ajustes, configurações e privacidades", o aconselhável a fazer é o seguinte: existe uma função que é "as pessoas viram também". Essa é uma função que normalmente o ajuda a fazer propaganda do seu concorrente. A função "visitantes desse perfil viram também" você muda para "sim" a fim de entender como funciona. Quando você aceita, ele passa a exibir perfis semelhantes ao seu que foram visitados. Até lhe dá certa credibilidade porque surgem nomes relevantes. Mas na maioria das vezes isso vai fazer propaganda do seu concorrente.

Você também pode ter acesso a mais algumas coisas:

- O quanto você tem de visibilidade.
- O quanto seu perfil pode ser visualizado sem a pessoa estar logada.
- O quanto você pode gerenciar seu status.
- O quanto você vai compartilhar mudanças de emprego, se deve usar isso para notificar a sua rede.
- O quanto você vai notificar as suas conexões sobre alguma notícia na mídia (você pode botar como "sim" ou "não").

Social Selling

- Quanto a menções por outras pessoas, se você pode ser mencionado (sim ou não).
- Se os seus dados estão abertos ou estão fechados.
- Se os seus dados podem ser copiados pelas pessoas (antigamente você conseguia baixar os dados das pessoas, hoje em dia você não consegue mais — de qualquer maneira, se as pessoas deixarem aberto você vai conseguir baixar o e-mail das que estão conectadas com você).
- O quanto as pessoas podem descobrir o seu e-mail.
- O quanto as pessoas podem descobrir o seu telefone.
- O quanto o LinkedIn pode utilizar os seus dados públicos.
- Se você vai sincronizar contatos.
- Se vai dar dados salariais.
- Se deixa o seu histórico de pesquisa salvo ou não.
- Se dá as suas informações demográficas.
- Se está procurando emprego (sim ou não).
- Se vai informar aos recrutadores que você tem interesse por uma nova oportunidade.
- Se vai indicar interesse de recrutadores para quais vagas têm alerta.
- Se você compartilha o seu perfil em "candidatar-se".
- Conta de candidato armazenada, você pode mudar isso para "sim" ou encerrar a sua conta.
- As pessoas que você quer bloquear.
- Se você vai mudar os seus seguidores.
- Quem você parou de seguir, se isso pode ser notificado para pessoa ou não.

DEMANDA INFINITA

Esses são os principais pontos para ter um perfil profissional. Outra dica muito relevante é que na central de ajuda do LinkedIn tem as principais informações; até um hack importante não muito divulgado que você pode usar: o LinkedIn permite que você aplique para solicitar lives. Se você acessar e pesquisar por "lives", vai ver que é possível aplicar para fazer live. Aplique; eles levam um tempinho para responder. Tem "conceitos básicos do LinkedIn Live"; leia e veja como aplicá-los.

Quando você coloca para aplicar, cai em um formulário. "Thiago, por que é bom ter live?" Quando você abre uma live, a plataforma notifica todo mundo que está na sua rede, e é um recurso que poucas pessoas têm. Ainda é uma função meio nova e bem provavelmente neste momento é melhor fazer live no Instagram do que no LinkedIn porque tem mais gente lá para impactar. Contudo, é mais um canal de divulgação. É só preencher cada um dos campos do formulário e no final você recebe uma resposta.

. . .

Criando um processo de vendas sociais

—

Qual é o seu grande desafio? Primeiro é tratar da questão do processo. O grande objetivo de um processo é tornar algo padronizado, algo repetitivo. Um especialista que pode ser mencionado neste quesito no Brasil é Vicente Falconi, fundador da Falconi, antigo Instituto IDC, e que tem um livro muito bom chamado *Gerenciamento da Rotina*.

Ao pensar em processo você precisa pensar em construir uma rotina. Aquilo que se torna repetitivo, fica melhor. Qualquer atividade que você faz uma vez, você faz de uma maneira; agora quando você faz cem vezes aquela atividade, tende a ficar bem melhor nela.

E, quando se fala de construir um processo de vendas sociais, ele tem três pilares centrais:

1. Pesquisa

Achar a empresa e as pessoas certas.

2. Cadência

A sua sequência de ações com o objetivo de trazer uma pessoa.

3. Mensagem

O disparo de uma mensagem social (disparar um e-mail; personalizar o seu pedido de adicionamento).

Primeiro a pesquisa. Basicamente, quando o tema é venda social dentro do LinkedIn (ou dentro do Instagram, do Facebook ou do Twitter) existem duas figuras que você precisa achar: a empresa para a qual você quer vender e a pessoa responsável pela compra.

O que essa empresa faz? Quantos funcionários essa empresa tem? Qual é o momento dela? É uma empresa nascente? É uma empresa mais madura? Mais antiga ou é uma empresa mais inovadora? Dependendo da etapa em que está o seu produto, vai fazer sentido você abordar qualquer tipo de empresa; ou, de

DEMANDA INFINITA

repente, se está em um momento mais inicial, você pode abordar empresas inovadoras. Se está num momento mais avançado, você vai trabalhar com empresas maiores.

Dentro desse processo existem três coisas que você deve olhar quando abordar uma empresa para vender:

- **Primeiro** é entender o que aquela empresa faz, qual é o ramo de atuação dela; se ela está dentro do seu Perfil de Cliente Ideal (você já viu isso antes).

- **Segundo,** se essa empresa está crescendo ou está diminuindo. "Eu tenho essa informação no LinkedIn?" Tem, mas na versão paga. Se você ainda não testou o Sales Navigator por trinta dias, faça aquilo que foi falado sobre preparação de perfil — deixe o seu perfil pronto; no Sales Navigator, ao visitar uma empresa, ele mostra a estatística e você vai entender se aquela empresa está diminuindo o quadro dela ou se está ampliando. Empresas que estão diminuindo, na maioria das vezes, estão olhando para redução de custo; então, se o seu produto tem uma oferta que faz a empresa economizar, reduzir custo, é um excelente momento para você abordar. "Ah, não, a empresa está contratando muita gente." Quando se amplia muito o quadro, aumenta também o custo, e a expectativa é aumentar o faturamento; e aí, o que você tem que pensar? Você tem uma oferta para tornar esse time mais produtivo? Você tem uma oferta para fazer com que o ticket médio dessa empresa fique maior? Em que você ajuda a empresa? Se você consegue ter os dois *approaches*, essa informação vai lhe mostrar se o seu *approach* está mais na ponta de custo ou na ponta de receita.

Social Selling

229

- **Em terceiro,** o que existe de notícia sobre essa empresa. Na maioria das vezes as empresas compartilham nas redes sociais as informações sobre elas. "Ah, saiu uma notícia que ela comprou uma empresa XPTO." É muito comum a pessoa postar na rede social; a própria empresa ou algum gestor. No Sales Navigator existe uma função que mostra se saiu notícia recente sobre uma determinada empresa ou sobre uma determinada pessoa. Isso é muito rico e muito útil pra você usar dentro do seu *approach*.

Um excelente gancho de abertura de porta é: "Cara, eu estava navegando na internet e li esse artigo sobre vocês, queria dar os parabéns por 'comprar a empresa', 'fazer isso', 'participar do projeto', e fico me perguntando como estão seus desafios nessa ponta aqui" — que normalmente vai ser a ponta do problema que você resolve.

Agora você entendeu quem é a empresa, se ela está contratando, se está reduzindo, e quais são os conteúdos mais compartilhados na *company page*; isso mostra estratégia, isso mostra foco, para onde eles estão olhando. Agora você precisa analisar o comprador.

Você não vende para uma empresa, você vende para uma pessoa dentro de uma empresa. Quem é a pessoa dentro da empresa que toma a decisão sobre a contratação do seu produto ou do seu serviço? Normalmente vai estar em um cargo gerencial ou de diretoria; e vai estar dentro de uma unidade de negócios ou de um departamento.

Se você vende, por exemplo, uma solução para vendas, a melhor pessoa para você falar é o diretor de vendas; se você vende

DEMANDA INFINITA

uma solução para tecnologia, a melhor pessoa para conversar é com o diretor de tecnologia ou o CIO; se você vende uma solução de benefícios para os funcionários, devia abordar o RH.

Assim, você tem que ter duas respostas. Já foi falado sobre ICP. Mas em qual departamento está a pessoa que você está vendendo? E qual é o cargo que essa pessoa normalmente tem? No LinkedIn dá para você pesquisar, por exemplo, por "gerente de vendas", por "diretor de vendas"; e, quanto mais específico for o termo da pessoa que você vende, mais fácil se torna esse processo.

E o que você analisaria uma vez que pesquisou e chegou na pessoa certa? Há quanto tempo essa pessoa está no cargo? Dependendo de quanto tempo está, você pode intuir uma postura de "estou aqui há mais de três anos, minha posição é mais de defesa, para me manter, não quero muita dor de cabeça". Varia de pessoa para pessoa, mas você tem que mostrar um benefício muito grande para ela topar assumir um risco, principalmente quando você fala com uma empresa maior.

Mas e se ela não for uma pessoa de carreira dentro daquela empresa? E se mudou de cargo diversas vezes? E se chegou recentemente naquele cargo? Se essa pessoa está recente, vai querer trazer um sucesso, uma vitória, então pode ser um excelente momento.

Atualmente essa pessoa já trabalhou com um concorrente seu? Para quem vende, por exemplo, ERP, você consegue ver. Normalmente quando você vai falar com ela de tecnologia que é responsável pelo ERP, ela tem lá "especialista em SAP", provavelmente ela usa SAP; ou "programa em ADVPL", que é a linguagem de programação da Totus, do Protheus. Você consegue ver algumas dicas se a pessoa usa uma tecnologia ou outra.

Social Selling

Para quem trabalha com marketing, normalmente a pessoa coloca "especialista em RD Station" ou "especialista em Hubspot" ou "especialista em MailChimp". Dá para você, olhando na descrição do perfil da pessoa, entender as ferramentas que ela usa.

Isso porque, quando se fala de apresentar uma solução para o cliente, o *approach* é um; quando você precisa convencer o prospect a "migrar" para o seu, o *approach* vai ser outro — e tem toda a dor da migração que você tem de trabalhar muito bem.

Outra coisa interessante, no perfil da pessoa você consegue ver quais conteúdos ela está compartilhando. Ela é ativa no LinkedIn? Quando foi a última vez que interagiu com algum tipo de publicação? "Putz, tem onze meses que o cara não publica nada." Ponto de atenção, existe uma chance grande de ele não estar ali. Ele participa de algum grupo? Um excelente lugar para você começar a abordar a pessoa é dentro do grupo; porque lá é um terreno mais neutro, é um lugar onde as pessoas estão para discutir um tema.

E você vai conseguir até mesmo ver, se for uma pessoa mais ativa, onde ela está tendo dificuldade. Imagina que você vende solução para marketing e vê no perfil dela que está no grupo "inbound marketing Brasil", fazendo perguntas assim: "Cara, como é que vocês fazem limpeza da base de e-mails? A minha entrega está muito ruim, e preciso melhorar a minha entregabilidade limpando a minha base." Olha, já tem um excelente gancho puxando um problema que ela está passando. Então, tenha atenção em relação a esses pontos.

Muitas pessoas deixam seus dados abertos dentro do LinkedIn. Qualquer pessoa tem dois objetivos com o LinkedIn:

DEMANDA INFINITA

- Ser encontrado por recrutadores e headhunters, e receber uma promessa de emprego melhor — deixando seus dados abertos vai ser mais fácil as pessoas abordarem.

- Fazer networking, fazer negócios e conseguir outras parcerias, outros negócios.

O ideal é deixar seu perfil aberto, caso ainda não o faça. Dificilmente vem spam; as ferramentas de e-mail estão cada vez mais especialistas em bloquear spam; e muitas das vezes pessoas relevantes vão procurar você por WhatsApp ou por e-mail, pessoas que trazem boas parcerias ou até mesmo pedidos de propostas comerciais. Se você trabalha com vendas, definitivamente seus dados têm que estar abertos, tem que ser fácil para o seu cliente achar você. E o fato de ser fácil achá-lo também ajuda a entrar em contato com a pessoa.

Veja como essa pessoa se comporta dentro do LinkedIn. Isso já dá uma série de dicas e de ganchos para que você possa preparar mensagens relevantes mostrando que você pesquisou. Uma coisa é você mandar uma mensagem-padrão, aleatória, um template falando "Cara, quero vender para você"; outra coisa é você falar: "Poxa, estava pesquisando aqui no seu perfil e vi que a Growth Machine está com vagas abertas; vi que a Growth Machine cresceu 400% nos últimos 2 anos. E tenho uma oferta aqui de benefício para os seus colaboradores que eu gostaria de apresentar. Parabéns por todo o seu trabalho e, se você tiver quinze minutos, quero mostrar como eu gostaria de ajudar a sua empresa a fidelizar melhor os seus colaboradores." Completamente diferente daquela mensagem-padrão: "Olá, '**primeiro nome**', gostaria de ajudar a Growth Machine a blá-blá-blá."

Social Selling

Então, mesmo que você não vá usar o LinkedIn para ser o seu canal de abordagem, ele é um excelente canal para fazer levantamento, estudar, entender padrões, se municiar de informações; para quando for abordar, você ter sucesso.

Muitas pessoas se perguntam: "Qual é o melhor hack para quando vou prospectar, para eu ter mais sucesso, para eu conseguir mais coisas?" O hack mais importante é a preparação. Algumas pessoas pensam que "vendas é muito difícil". Mas será que vendas é difícil mesmo? Futebol é difícil. Agora pensa no seguinte, quantos dias um jogador se prepara para uma ou duas horas de jogo em campo? Ele se prepara meses, semanas, anos. É a mesma coisa. Quanto mais você se prepara na sua prospecção, mais vai garantir que seja bem-sucedido.

E, depois da pesquisa, agora é hora de falar da cadência. Já falamos sobre isso, portanto você já entende que a cadência são diferentes atividades; agora como a gente fala de cadência social? Basicamente, há quatro coisas que você consegue fazer dentro do LinkedIn ou de uma rede social para chamar a atenção do seu prospect, da pessoa com quem você quer falar:

1. Visita

Quando visita, você se mostra para aquela pessoa e isso já atrai a atenção dela. O ideal é sempre visitar antes de engajar.

2. Mensagens

Você precisa já ser conexão, mas tem dois tipos de mensagem: aquelas que você manda para pessoas que são sua primeira conexão e *inmails*, que são mensagens que você manda dentro do LinkedIn.

DEMANDA INFINITA

3. Adicionamento

É você pedir à pessoa para fazer parte da rede dela. Isso é mais intrusivo; não é indicado você partir para o adicionamento de cara porque a sua taxa de conversão vai ser mais baixa. O melhor é orbitar o perfil da pessoa com quem quer falar; visitar o perfil; depois que você chamou a atenção, você adiciona. E, outra, personalize esse adicionamento.

4. Interação com o conteúdo

A interação com o conteúdo pode ser rasa, apenas um like; ou ela pode ser mais profunda, um comentário, uma pergunta, uma provocação.

Essas são as quatro formas para você interagir dentro do LinkedIn, e cada uma delas pode ser uma atividade dentro do seu fluxo de cadência social. Uma cadência boa seria: iniciar um primeiro dia com pesquisa, levantamento, reunindo informação. "Pô, já fiz isso." Mas você já visitou o perfil quando pesquisou e já viu os conteúdos que a pessoa está compartilhando? Não é para sair curtindo tudo de uma vez, porque isso mostra que você está com uma segunda intenção. Dificilmente alguém navega e sai interagindo com todos os conteúdos de uma pessoa.

Dê uma olhada nos conteúdos, leia e veja se algum deles traz uma provocação sobre o que você vende; e ali, no conteúdo que tiver mais relação com a sua oferta ou com a sua proposta de valor, você comenta. Imagina que você vende consultoria e treinamento em vendas e vê a pessoa reclamando: "O mês de abril está fogo, muito feriado, difícil bater meta." Excelente gancho! O que você faria? Você dá uma curtida e contribui: "Cara, sem dúvida nenhuma, abril é um mês absurdamente desafiador. Foi por isso que a gente criou um processo de geração de demanda chamado Demanda Infinita para conseguir gerar um volume muito grande de oportunidades nos dias úteis e compensar os dias não úteis. Mas concordo 100% contigo, e estamos juntos nessa missão."

O que você fez? Antecipação; criou uma curiosidade nela. Se essa pessoa ler esse comentário o que ela vai fazer? Ela vai visitar o seu perfil, vai visitar o seu site, e você aproveita e deixa um cookie no navegador dela. Quando ela for navegar pelo Instagram, vai ver vídeos seus. E assim você já plantou a semente.

Se a pessoa não lhe mandar mensagem, não interagir de volta, você dá dois dias e adiciona ela. No adicionamento o que você vai fazer? Personalizar a mensagem e mandar: "Olá, Fulano, cara, li o seu conteúdo sobre os feriados em abril e achei que faz todo sentido. Temos ajudado algumas empresas a ter mais produtividade nos dias úteis. Gostaria muito de fazer parte da sua rede." Não vendeu, não ofereceu nada, só falou o que você faz.

O prospect aceitou. Bem, já foram três ações do fluxo de cadência: ação 1, pesquisa; ação 2, interação com o conteúdo; ação 3, adicionamento. E agora você tem um canal direto com ele.

Quando você está navegando no LinkedIn, ele abre na sua parte lateral uma janelinha como se fosse um chat; e mostra no perfil da pessoa uma bolinha verde ou uma bolinha riscada. O que você consegue ver? Consegue saber quem está online e quem não está.

Então, se você viu que a pessoa está online, a chance de ela responder é absurdamente maior. O que você vai fazer com essa informação? Vai começar a conversar com a pessoa. Basicamen-

DEMANDA INFINITA

te o que você vai fazer nesse processo: vai entender se consegue falar com essa pessoa ou não.

É aí que você deveria fazer uma segunda interação? Você já interagiu com o conteúdo, já adicionou a pessoa e ela já aceitou... agora é um papo. Qual é seu próximo passo? Seu objetivo neste momento é levar ela para uma reunião. De uma forma bem natural você poderia mandar uma mensagem mais ou menos assim: "Fulano, sei o quanto é desafiador bater metas em meses em que a gente tem menos dias úteis. Mas eu queria disponibilizar para você trinta minutos de um diagnóstico rápido a partir do qual consigo analisar se existe uma oportunidade de aumentar a produtividade do seu time e gerar mais demanda qualificada, para com isso facilitar o batimento de metas. Você teria trinta minutos rápidos para um diagnóstico inicial e para eu entender se faz sentido ou não nossas empresas trabalharem juntas?"

Você está gerando valor, se posicionando como especialista, oferecendo para ele trinta minutos do seu dia (que é um valor altíssimo) e a chance de esse prospect responder e virar uma oportunidade qualificada é muito grande.

Como em qualquer situação, o que é aconselhável fazer? Testar e observar qual cadência funciona mais. Pense nesse espaçamento; se você intensifica muitas ações em um dia, você vai incomodar a pessoa; se você espaça mais, tende a mostrar que tem uma coerência e aí você vai intercalando e testando diferentes formatos.

Por último, mensagem. Existem basicamente três tipos de mensagens que você vai trabalhar dentro do seu LinkedIn:

Social Selling

1. **A primeira, que já foi falada, é o "adicionamento"**

Justifique o porquê você entrou em contato, coloque uma nota, por mais simples que seja: "Cara, atuo no mercado 'tal', vi o seu perfil e achei muito legal, acho que faz sentido a gente fazer network e estar conectado na mesma rede"; ou "Eu gostaria de fazer parte da sua rede"; ou "Estou adicionando profissionais do segmento XPTO"; ou "Vi que você compartilha conteúdo relevante". Portanto, tente mostrar um sentido, mas não vá direto para o pedido de venda, para chamada a uma reunião e tudo o mais.

2. **A segunda mensagem é chamada "abertura de porta"**

Ela tem uma estrutura-padrão na qual você dá uma justificativa do porquê está mandando a mensagem, "Li uma matéria na rede"; "Atendo uma empresa parecida com a sua". E você pode adicionar uma mensagem tipo follow-up. Muitas vezes a abertura de porta não vai ter resposta; o follow-up é uma tentativa de engajar: "Ah, viu minha mensagem anterior?", "Cara, tenho algo importante para lhe falar, gostaria de cinco minutos do seu tempo". Só vai funcionar se você conseguiu adicionar a pessoa. Se a pessoa não o aceitou, você não vai conseguir mandar outra mensagem. E, se mandou o *inmail* e a pessoa não o respondeu, você também não vai conseguir. Dessa forma, o follow-up é muito útil para trazer o lead de volta para a interação.

3. **E, por último, a chamada "introdução quente"**

Você quer falar com alguém e não tem o contato dele, não é uma conexão; mas um amigo seu é um contato de primeiro grau. O que você faz? Manda uma mensagem para esse amigo, que pode ser dentro do LinkedIn, pelo WhatsApp ou por meio de uma ligação dizendo: "Meu amigo, vi que você está

DEMANDA INFINITA

conectado com Fulano e preciso falar com ele. Será que você pode me apresentar?" Quer dizer, na introdução quente, se o seu amigo for contato da pessoa, a taxa de conversão sai de 3% e vai para 11%. Se o seu amigo trabalhar na mesma empresa que essa pessoa, essa taxa de conversão já vai pra 44%, que é o que se chama introdução interna, porque eles estão no mesmo negócio. A introdução quente é uma ferramenta riquíssima, só que ela só vai estar disponível, em teoria, no Sales Navigator; mas, quando você vai no perfil de uma pessoa, é possível ver os contatos em comum. O contato em comum já ajuda você a saber. E aí você vai ligar, vai mandar mensagem, vai tentar fazer com que essa pessoa abra a porta para você.

Basicamente isso é montar um processo de vendas sociais. O mais aconselhável é usar o próprio Kanban Prospect e aí criar o fluxo; só que, em vez de você pensar nas interações externas, você pensa só nas interações dentro do LinkedIn.

Agora o que você faz? Trabalha nos dois: cria um fluxo tendo o LinkedIn como uma das etapas, onde você vai mandar e-mail e fazer ligação; e também deixa algumas atividades de prospecção social, faz um pouco de social selling, uma ou duas horinhas por dia.

■ ■ ■

Social Selling

Usando o Sales Navigator

Se você ainda não é cliente do Sales Navigator, pode assinar ou fazer um teste gratuito por algum período. Seu uso aumenta em 5% a taxa de fechamento, em 35% o ticket médio, em 34% o número de oportunidades e o ajuda a entender a necessidade dos seus clientes, a interagir enviando mensagens, assunto tratado quando se falou do *inmail*.

Dentro do produto ele vai mostrar como funciona a lógica de pesquisa avançada, a lógica de recomendação de leads, que é uma espécie de inteligência artificial que recomenda leads; ele integra com alguns CRMs (não com todos), em especial com o próprio Salesforce e com o Dynamics da Microsoft. Ele permite que você:

- Acompanhe suas oportunidades dentro.
- Seja atualizado em tempo real se a pessoa mudou de emprego ou não mudou.
- Inclua notas nos perfis das pessoas que você está tentando vender.
- Acompanhe quem visitou seu perfil.

Nas últimas atualizações ele mostra o que tem de mais recente dentro do LinkedIn: mostra uma lógica de validação de dados. Você consegue levá-lo para o seu CRM ou trazê-lo do seu CRM e validar essa informação; ele permite que você construa relatórios de como o seu time está usando — principalmente para quem é gestor, ele vai acompanhar o time e você consegue medir isso.

DEMANDA INFINITA

O PointDrive é excelente, mas só está disponível para a versão mais cara. É onde você sobe a sua proposta e manda o link dela; você só vai conseguir se tiver acima de oito usuários.

Na prática com o Sales Navigator:

- **Na home você consegue configurar alertas.** Você estabelece uma lista de todas as empresas para as quais gostaria de vender e vai acompanhar. O programa mostra se teve alguma mudança no período ou alguma ação. Ele também mostra as últimas empresas que você pesquisou e os leads que ele acredita que serão relevantes para você.

- **Ele mostra se o seu perfil está com nível alto ou baixo.** Trabalhando seus posts direitinho, você pode ficar com um nível altíssimo, quem sabe até um perfil campeão.

- **Você consegue ver quem viu o seu perfil e o comportamento das pessoas que você marcou como leads.** Você vai acompanhar o que eles estão curtindo, com o que estão interagindo, que tipo de conteúdo estão olhando. Isso é bem importante.

- **Os leads que mudaram de emprego e até os que foram promovidos geram alertas.** Aí você pode interagir, em alguns casos dar parabéns.

Utiliza-se a nomenclatura "conta". Contas são pessoas que você marca como sendo seu cliente. E você passa a receber notícias das suas contas; notícias sobre o financeiro da conta; e tem também o potencial lead que visitou o seu perfil.

Outra ferramenta muito boa do LinkedIn é a pesquisa. Você consegue fazer quatro tipos de pesquisa:

Social Selling

- Pesquisa de leads.
- Pesquisa de contas (são empresas baseadas nas preferências de venda).
- Pesquisa na mídia (pessoas que foram citadas na mídia).
- Pesquisa de pessoas que mudaram de emprego recentemente.

Sobre a mudança de emprego: são as pessoas que são suas conexões e que mudaram de emprego recentemente. É importante que você entenda esse conceito de conexão.

O programa permite que você faça N filtros. Dê uma "fuçada", veja o que faz mais sentido; o melhor filtro para você trabalhar é o filtro que tem a ver com o seu perfil de cliente ideal. Aí você vai analisar palavras-chave:

- Regiões que você vende.
- Instituição de ensino.
- Idioma.
- Setor e função.
- Nível de experiência (há quanto tempo está na função).
- Há quanto tempo está no emprego atual.
- Com qual empresa você quer falar.

Empresa: The Coca Cola Company (54 mil funcionários no mundo).

Localidade: Brasil (2.700 funcionários que estão no LinkedIn no Brasil).

Departamento: Vendas (410 colaboradores).

Cargo: Diretor de vendas no Brasil (1 resultado).

Tempo no cargo atual: 1 ano e 2 meses.

Conexões em comum: 59 pessoas (que poderiam abrir porta para eu falar com ele).

Quando você visita uma página de empresa, chamada *company page*, o programa mostra estas informações: número de funcionários; onde essa empresa está; quem são as pessoas para você abordar empresa; quem são as pessoas com quem você já tem conexão.

E, quando você muda o foco para notícias e insights, o programa dá a você informações relevantes: tanto conteúdos que essa empresa pode estar compartilhando e publicando, ou artigos citando essa empresa, quanto como está o histórico dela — se ela está diminuindo ou se ela está aumentando. Nesse sentido, esse filtro pode dar o percentual de crescimento ou de redução por período escolhido (exemplo: a empresa aumentou 22% nos últimos 2 anos, mas diminuiu SDR e RH). Ele também mostra empresas parecidas, as quais você pode prospectar, ofertando os seus produtos e serviços.

Você vai ter a sua caixa de entrada do Sales Navigator. Ela vai mostrar todo mundo que lhe mandou mensagem, todo mundo que interagiu com você. Ela permite fazer alguns filtros como "mensagens não lidas" e *inmail* aguardando resposta".

O Sales Navigator é igual a andar de bicicleta, você só vai aprender quando começar a manuseá-lo. Dentro do próprio Sales Navigator há uma série de cursos e webinars que ajudam a entender um pouco melhor como usar suas ferramentas. Exercite, use e coloque para gerar.

CAPÍTULO

Projeto de Implantação

Estruturando mudanças com foco na Demanda Infinita

Aprendi no meu primeiro emprego que a forma mais rápida de implementar uma mudança é por meio de um projeto. Gerenciamento de projetos se trata de um conjunto de ferramentas e técnicas mundialmente conhecidas em que é possível "escolher" os processos que serão utilizados em cada projeto e alcançar assim uma metodologia que garanta a melhor forma de gerenciá-los.

A maioria das empresas tem dificuldade de implementar mudanças, em especial quando se fala de um departamento tão importante quanto o departamento de vendas.

Para quem quer colocar com mais segurança e em menos tempo a metodologia Demanda Infinita para funcionar na sua empresa, tenha muita atenção a este capítulo e siga as orientações a seguir.

Definindo as atividades

Aqui vão os principais pontos que você precisa ter atenção para colocar seu projeto de Demanda Infinita a todo vapor:

DEMANDA INFINITA

1. Definição da estrutura analítica do projeto de implantação de vendas

Durante a definição de atividade você precisa entender o que já tem estruturado no seu departamento de vendas e marketing e o que precisa estruturar. As atividades-padrão de um projeto de demanda infinita são:

Baixe o Template--padrão de Cronograma de Demanda Infinita escaneando o QR Code

2. Definição do orçamento e dos recursos

O quanto você vai investir na construção da sua Máquina de Vendas? Quantas pessoas serão alocadas no projeto? O que você já tem disponível para ser utilizado na construção do time?

Pessoas envolvidas significam menos tempo para concluir. Em especial alguns profissionais que aceleraram a velocidade de implantação da Máquina de Vendas (time ideal):

- Analista comercial.
- Analista de processo.
- Analista de automação comercial.
- Gestor de vendas.
- Especialista em copywrite.

Por mais que exista um time ideal para estruturar um projeto de Máquina de Vendas, entenda que você deve construir com os

Projeto de Implantação

recursos que você tem. A primeira máquina da Growth Machine foi construída por mim e por um estagiário, e eu a executei sozinho.

3. Definição da interdependência

Na hora de executar as atividades de um projeto você precisa analisar quais atividades dependem uma da outra. A interdependência entre as atividades, exige que, para garantia do sucesso do projeto, haja uma execução lógica sequencial. Não dá para construir um e-mail de prospecção sem antes ter desenhado o Kanban Prospect, assim como você não consegue fazer um bom Kanban sem antes ter definido quem é seu cliente ideal.

Para não atrasar o projeto é fundamental entender qual é o caminho crítico, assim como as atividades que não possuem folga, ou seja, que precisam ser iniciadas logo após a conclusão da atividade predecessora.

4. Definição do tempo

Com as atividades definidas, os recursos selecionados e as atividades sequenciadas, chega a hora de definir quanto tempo será necessário, por atividade, para chegar à conclusão de cada fase.

Um ponto importante é definir quanto tempo você e cada recurso se dedicarão ao projeto, principalmente para quem trabalha sozinho. Você não poderá parar sua empresa para implantar a máquina, e terá responsabilidade e atividades a serem executadas em sequência.

Não defina prazos irreais, que não podem ser cumpridos, pois eles irão apenas desmotivar você e criar barreira para a conclusão do projeto. Gaste tempo definindo quanto tempo você levará para concluir cada atividade.

DEMANDA INFINITA

5. Mentalidade de prototipação e teste

Nos meus dez anos de atuação em vendas e na construção de mais de mil máquinas de vendas, entendi um ponto muito importante quanto à implantação de mudança. Nosso maior desafio é a curva de aprendizagem.

No início do projeto, não sabemos qual é o melhor mercado, o que vai funcionar, e o que não vai — logo, o principal opositor ao sucesso do projeto é o tempo que você leva para descobrir o que funciona.

Agora, como acelerar essa aprendizagem? Testando e validando no menor tempo possível; e nesse aspecto um conceito é fundamental: a prototipação. Prototipar é uma técnica que consiste em desenvolver o protótipo de algum produto. Ou seja, uma forma de visualizar a sua ideia antes de ela ser entregue definitivamente ao mercado.

Para isso usamos o Kanban Prospect, no qual prototipamos nosso processo de prospecção e testamos, no menor tempo possível. Assim conseguimos colher feedbacks em tempo recorde e saber mais rapidamente se estamos na direção correta para chegar à Demanda Infinita.

6. Execução ágil

Ágil não tem a ver apenas com rapidez, mas também com flexibilidade e integração. Sendo assim, métodos ágeis de gestão de projetos são adaptáveis a mudanças repentinas no planejamento, como mudar prioridades, adiar tarefas e alterar características do projeto conforme necessário.

Execução ágil é uma abordagem leve para o gerenciamento de projetos. Ou seja, o projeto é todo dividido em etapas menores para que seja mais fácil aplicar mudanças sem comprometer a qualidade.

Projeto de Implantação

Entenda onde você está

O primeiro passo para construir uma Máquina de Vendas que gera Demanda Infinita é entender onde você está nestas três dimensões:

Figura 9.1: Pirâmide Estratégica

- **Definições estratégicas.** A ponta estratégica diz respeito ao foco estratégico, ao mercado-alvo e aos aspectos relacionados à competitividade da organização.

    Nessas definições escolhemos o mercado-alvo, o quanto vamos perseguir de rentabilidade e escala, assim como as metas de conquistas de novos clientes e receitas.

- **Definições táticas.** Na ponta das definições táticas é onde vamos escolher como realizar a estratégia definida e conectá-la com o operacional. Nas definições táticas estão a estrutura comercial que utilizaremos, canais de marketing

DEMANDA INFINITA

que serão usados e de que forma vamos medir e monitorar a operação para garantir que vamos realizar os objetivos estratégicos já definidos.

- **Definições operacionais.** Na ponta operacional temos todas as decisões relacionadas à construção de equipe, à criação de estruturas e aos demais pontos relacionados à operação como um todo. Por mais que não seja na ponta operacional que vencemos a guerra, podemos perder muitas batalhas se a negligenciarmos. E o grande objetivo da Demanda Infinita é construir uma alta produtividade operacional a partir do momento que usamos tecnologia e automatização na sua execução.

Algumas definições operacionais estarão nos softwares que vamos utilizar, na produtividade esperada por pré-vendedor e por vendedor, e em como organizamos a operação para alavancar sua capacidade de entregar resultados.

■ ■ ■

Construindo a estratégia Demanda Infinita

———

Cada ponto é fundamental para chegar ao máximo potencial de crescimento. O erro é que a maioria foca a tática e esquece a estratégia. Escolher se você vai fazer marketing de conteúdo ou prospecção outbound é uma decisão tática; escolher qual nicho

Projeto de Implantação

de mercado você vai focar é uma decisão estratégica; qual CRM será utilizado pelo seu time de venda é uma decisão operacional.

O que faz uma empresa dominar seu mercado é a combinação de uma boa estratégia e uma excelente execução. No entanto, a melhor execução do mundo não corrige uma estratégia errada.

Existem dois grandes inimigos da estratégia de vendas:

- Similaridade entre os concorrentes.
- Concorrente bem-posicionado.

Como diz Michael Porter: "A estratégia torna as escolhas sobre o que não fazer tão importantes quanto as escolhas sobre o que fazer." Logo, a definição de um nicho torna muito mais simples a construção da estratégia comercial, o ataque de mercado e a argumentação comercial.

Na minha experiência implantando mais de mil máquinas de vendas, a estratégia mais acessível é o foco estratégico, achar um nicho em que você tem menos concorrentes e que não interessa a um grande concorrente (principalmente por ser pequeno demais), e um ponto de competição que permitirá ter mais margem e maior velocidade de crescimento.

No seu diagnóstico crítico, você precisa analisar o quanto está bem-posicionado, o quanto já identificou um nicho no qual você tem uma diferenciação. Caso já tenha encontrado, você está à frente de 99% dos seus concorrentes.

■ ■ ■

DEMANDA INFINITA

Aprimorando seu processo

Preciso ser sincero, a verdade é que o seu processo de prospecção e de vendas nunca estará pronto. Mesmo que você tenha concluído a construção de tudo que foi descrito neste livro, é sempre possível otimizar e melhorar.

Toda a metodologia que criamos na Growth Machine para gerar Demanda Infinita se baseia em prototipação e teste, o que quer dizer que rapidamente você tem algo a executar, mas que necessita otimizar a todo momento. O protótipo de um processo não é um processo, seu objetivo é validar uma hipótese e dar a você dados que vão lhe permitir tomar decisão de forma estruturada.

O que vai definir o quanto você precisa otimizar esse processo são os resultados gerados pelo protótipo — quantas reuniões estão sendo geradas, quantas estão se tornando oportunidade de vendas para o comercial e quantas finalmente se efetivam em clientes pagantes.

Para aprimorar seu processo você vai precisar de métricas. Um jogo de números à moda antiga da venda baseada na intuição não vai gerar o crescimento que você busca. Em um passado não muito distante, a percepção geral do campo de vendas era que, quanto mais ligações frias os vendedores pudessem fazer, mais fácil seria chegar ao topo do ranking de vendas.

Mas hoje em dia não é o esforço que faz ganhar o jogo, é o resultado. Não importa quantas ligações são realizadas pelo seu time se essas ligações não tiverem como resultado final uma reunião agendada com um futuro cliente. A prospecção pode ser

Projeto de Implantação

uma parte frustrante do processo de vendas. Leva muito tempo e muitas vezes envolve muito medo e rejeição. Mas não precisa ser assim.

Um processo de prospecção eficaz elimina o fator medo das atividades de prospecção, porque as equipes de vendas têm um plano passo a passo distinto a seguir que gera resultados. O telefone ainda é uma boa ferramenta de vendas para trazer novos negócios. Ainda é uma parte essencial do seu plano de prospecção de vendas. Hoje, há muito mais ferramentas digitais disponíveis para telefone e outros canais de comunicação.

Como otimizar seu processo de prospecção

A base de toda otimização é entender o que está funcionando e o que precisa ser melhorado. Existem diferentes métricas que vão mostrar dentro do seu processo de geração de demanda quanto que o seu plano de ligação está funcionando e o quanto não está. Taxa de conexão, por exemplo, mostra que a ligação foi atendida e que virou uma oportunidade no seu funil de vendas.

O resultado final da otimização sempre será aumentar o número de oportunidades qualificadas e por consequência de vendas. Precisamos ter em mente que o objetivo final da prospecção sempre será a venda e as otimizações sempre visam aumentar esse resultado.

DEMANDA INFINITA

O primeiro sinal de que o processo de prospecção está funcionando é gerar um pipeline de vendas repleto de boas oportunidades, com muitos potenciais clientes em seu funil de vendas, em que os SDRs iniciais ou outros profissionais de vendas continuam nutrindo os leads até chegarem à saída do funil e se converterem em clientes.

Os números ainda contam no processo de prospecção de vendas, mas não da mesma forma. O foco hoje é mais em gerar oportunidades qualificadas — qualidade em vez de quantidade.

A tecnologia deu ao campo de vendas algumas novas ferramentas que beneficiam várias partes do processo de vendas e permitem uma melhor compreensão das métricas e por consequência uma melhor otimização.

Muitas empresas estão descobrindo que a melhor maneira de alavancar novas ferramentas de vendas é separar as funções de vendas em diferentes tarefas que se concentram mais intensamente em partes específicas do processo de vendas para que o uso de ferramentas digitais possa ser otimizado para cada função.

No geral, a otimização do processo de Demanda Infinita precisa ser bem documentada, equipar e gerar métricas que permitirão reconhecer ao longo do caminho que uma evolução está acontecendo e assim como disponibilizar para todos os membros da equipe de vendas as ferramentas exatas de que precisam para trabalhar com eficiência e obter resultados mensuráveis.

■ ■ ■

Projeto de Implantação

Como saber se sua prospecção de vendas está falhando com você
___

Benjamin Franklin dizia: "Se você falha em planejar, está planejando falhar." Esse é um sentimento que tem muitas aplicações e também se aplica à prospecção de vendas.

Por exemplo, uma forte estratégia de geração de leads não fará nenhum bem se seus vendedores não puderem conectar seus fluxos de trabalho e converter esses leads em clientes.

Seus vendedores podem estar fazendo tudo certo — ligando, enviando e-mails, acompanhando, pedindo referências — e ainda não obtendo resultados. Quando isso acontece, pode deixar você coçando a cabeça e se perguntando o porquê.

É comum que vários problemas surjam durante o processo de prospecção. Às vezes, pode até parecer que os SDRs têm mais pontos problemáticos do que os compradores em potencial!

Então, o que você faz quando seus números de vendas despencam? O primeiro passo para diagnosticar o problema é analisar o seu processo de prospecção de vendas e ver se é aí que está ocorrendo a quebra.

Para ajudá-lo a descobrir exatamente onde seus esforços de prospecção podem estar falhando, separei uma lista dos culpados comuns. São eles os quatro sinais de alerta que sua prospecção de vendas não está funcionando:

DEMANDA INFINITA

1. Seus pré-vendedores estão gastando muito tempo na entrada manual de dados

Seus SDRs ainda estão usando planilhas para rastrear a evolução dos leads? Eles estão lendo, classificando e anotando coisas mais do que interagindo com clientes em potencial pelo telefone ou por outros canais de comunicação?

2. Sua taxa de conversão é muito baixa

Seus SDRs estão reclamando que têm muitos leads, mas, apesar de vários esforços e estratégias de vendas, nenhum deles está convertendo?

3. Você não tem alinhamento de vendas e marketing

Os scripts e as ferramentas que os agentes de prospecção estão usando não parecem corresponder aos esforços de marketing da empresa.

4. Seus SDRs estão usando a estratégia de atirar no escuro

Eles realmente não parecem saber quem é o público-alvo. Eles não sabem o tamanho da empresa, setor, pontos problemáticos comuns, ciclo de vida da empresa ou outros detalhes que ajudariam a levá-los a uma conversão.

Toda mudança é cercada de desafios. Sejam eles culturais, organizacionais ou financeiros, sabemos que a maioria das iniciativas corporativas falham por algum nível de resistência. O ponto que sempre gosto de reforçar para os meus alunos e clientes é que, devido à mudança em pequenas partes, teste sempre que pos-

Projeto de Implantação

sível, comece pequeno e, conforme receber feedbacks positivos, escale rápido.

Uma das técnicas que uso muito em grandes projetos de implantação de Demanda Infinita é começar com um piloto em uma área menor, onde vai ser possível testar rapidamente e aprender com mais velocidade. Em vez de mudar sua empresa inteira, experimente começar por uma Unidade de Negócio menor, onde você terá menos risco e menos resistência.

Para quem possui uma estrutura menor, minha sugestão é começar pela geração de demanda e aos poucos você levará para outras pontas. Conte seu primeiro SDR e busque validar o processo antes de ampliar seu investimento.

O principal ponto de atenção aqui é entender que o grande desafio está na curva de aprendizado. O grande risco é gastar tempo demais e não adquirir um aprendizado. Velocidade de teste e aprendizado é igual a velocidade de crescimento. Não se preocupe com grandes evoluções, tudo que você precisa é estar 1% melhor a cada dia.

■ ■ ■

Kanban Prospect Prático

O objetivo deste capítulo é mostrar exemplos práticos de Kanban Prospect para que você possa usar no seu negócio, estes exemplos podem ser tanto uma referência para sua construção quanto para ajudar a melhorar o Kanban que já construiu.

Caso queira se aprofundar no tema temos um treinamento gratuito de Kanban Prospect no QR Code abaixo:

Acesse o treinamento escaneando o QR Code

Um dos grandes desafios de uma operação outbound é tentar se conectar com seus prospects no número de tentativas corretas, nem para mais nem para menos. Sim, chegar na frente das pessoas certas: esse é o grande desafio de uma campanha de prospecção outbound.

No entanto, o que acontece nas empresas é que os SDRs e os vendedores, na maioria das vezes, cometem um destes dois erros: tentam demais e deixam o prospect irritado; ou tentam de menos e desistem de excelentes oportunidades antes do tempo. Isso gera ineficiência, aumento de custos e inviabiliza operações inteiras de desenvolvimento de vendas (pré-vendas).

DEMANDA INFINITA

Também existe uma dificuldade de entender as dores e os objetivos de quem será prospectado. Atualmente, existe um volume muito alto de mensagens e informações que são recebidas a todo momento, porém apenas damos atenção àquilo que de fato nos chame a atenção e que faça sentido para a nossa realidade.

Outro ponto muito importante é a dificuldade de pré-vendedores (SDRs) e vendedores de seguirem processos implementados pela alta gestão. Eles se sentem ameaçados e prejudicados por ter um padrão a ser seguido.

Os exemplos disponíveis neste capítulo são:

- Agência de marketing.
- Empresa de aceleração (Growth Machine).
- Empresa de software.

Agência de marketing

Uma agência de comunicação tem o grande desafio de prospectar clientes e oferecer seus serviços, em um mercado concorrido, com margens de lucro apertadas e com dificuldade de se diferenciar de seus concorrentes.

Dentro desse cenário, como criar um fluxo de prospecção eficiente como o Kanban Prospect?

Ações previstas:

- Definição do Perfil de Cliente Ideal.
- Mapeamento da Jornada de Compra.

- Identificação dos mercados mais aquecidos economicamente.
- Identificação do nível de concorrência que o mercado possui (quanto mais concorrido, mais difícil será entregar casos de sucesso e por consequência criar case).

Growth Machine

A Growth começou suas atividades em 2018, sendo uma empresa de treinamento e consultoria. Com o objetivo de se diferenciar, a Growth pivotou seu modelo de negócio migrando para uma aceleradora.

Ao longo dos últimos anos atendeu 8 das 10 maiores empresas de tecnologia, gerou mais de R$1 bilhão em receita para seus clientes e mais de 96 mil reuniões.

Seu Kanban Prospect foi fundamental para construir um processo de geração de demanda que permitisse que as empresas crescessem na velocidade agressiva que seus fundadores (entre eles eu) definiram.

Ações previstas:

- Definir produto de ataque.
- Mapeamento de clientes com mais sucesso.
- Mapeamento da Jornada de Compra.
- Identificação de dores e de necessidades.

DEMANDA INFINITA

Empresa de software

Empresas de software costumam ter excelentes margens, mas possuem uma sensibilidade na capacidade de investir na aquisição de novos clientes. Por cobrar de forma mensal recorrente é fundamental que a relação entre a geração de receita dos clientes e o custo de venda tenha uma proporção mínima de 1 para 3.

Para esse custo ficar de pé será necessário ter uma prospecção mais automática e com alta produtividade e constante otimização. Outro ponto importante é o fato de a venda de software ser mais intangível. Portanto, é preciso qualificar os potenciais clientes com perguntas situacionais de problema para identificar as possibilidades de uso e as dores do cliente.

Ações previstas:

- Mapear as principais dores do cliente ideal.
- Entender motivadores.
- Selecionar ferramentas de prospecção que trabalhem com automatização.
- Criar uma cultura de teste e otimização.

Palavras convencem, o exemplo arrasta.

Você pode falar muito para o seu time sobre o que precisa ser feito e como realizar a mudança, você pode defender o quanto é importante alimentar o CRM e trabalhar de forma focada. Independentemente do quanto você se esforça para falar como a transformação em vendas é importante, nada será mais poderoso que o seu exemplo.

Eu particularmente não gosto de fazer reuniões, de fazer cem ligações em um dia, mas toda vez que o resultado aperta estou com meu time no fronte — mostrando como fazer uma prospecção, como implicar com o prospect para gerar a percepção de necessidade e dando o exemplo do que precisa ser feito.

Cada um desses exemplos ajuda a tangibilizar como usar o método dentro do seu negócio, mas o que fará efetivamente acontecer serão a liderança e o exemplo.

Os melhores líderes de vendas, que efetivamente conseguem fazer a transformação acontecer, executam com seu time sabendo que palavras convencem e que o exemplo arrasta.

Use e abuse de cada exemplo e, caso não tenha nenhum modelo semelhante ao seu atual negócio, compartilhe comigo no Instagram @thiago.reis.gm que vou adorar desenvolver um novo exemplo para você.

Vamos para a execução!

∎ ∎ ∎

Conclusão

Nada acontece em uma empresa até o primeiro boleto ser pago, ou seja, até acontecer uma venda. Por mais que na primeira fase seja possível crescer usando a indicação e os relacionamentos dos fundadores, o crescimento jamais será controlado e previsível sem uma Máquina de Vendas.

Yuval Harari no livro *Sapiens* cita que do ano 1000 ao 1500 a humanidade presenciou pouquíssima evolução, ao ponto de que se alguém dormisse no ano 1000 e acordasse no ano 1500 não veria muitas diferenças. Por sua vez, alguém que dormisse no ano 1500 e acordasse no ano 2000 teria uma grande dificuldade de se adaptar a essa nova realidade. Esses 500 anos de evolução são classificados como Revolução Científica.

Na primeira empresa que montei a Máquina de Vendas, nos primeiros dez anos todas as vendas foram baseadas no network dos sócios e levou mais ou menos esse tempo para chegar aos seus primeiros cinquenta clientes.

Com a Máquina de Vendas implantada fomos capazes de dobrar esse número em menos de um ano. Se qualquer pessoa visse a empresa antes e depois acharia que estava em organizações distintas. Assim como na Revolução Científica, a velocidade de evolução e crescimento é desproporcional.

Agora não pense que foi um mar de rosas. Diversas vezes fui questionado pelo aumento de investimento e pela não percep-

DEMANDA INFINITA

ção de melhoria em vendas. Tivemos meses com muitas oportunidades e poucas vendas, tivemos perda de produtividade por erro de configuração de softwares e muitas vezes cheguei perto de desistir de continuar implantando a máquina. Por isso, dois elementos importantes nessa jornada serão paciência e resiliência.

No entanto, ao mesmo tempo que é difícil e que muitas vezes não dá certo, com a Demanda Infinita funcionando, o crescimento da empresa vai para outro patamar. Quando as coisas começam a funcionar, parece o final feliz de uma novela: time ganhando dinheiro, clientes elogiando a empresa, sócios felizes, convite para palestra e novos convites de sociedade e de criação de negócios.

Aristóteles falava que uma semente é uma árvore em potencial, se a semente não encontra o solo, se ela não encontra luz e nutrientes, ela jamais será uma árvore.

Da mesma forma acontece com o conhecimento. Ele é poder em potencial, mas só trará retorno se for utilizado. Agora que você conhece as estruturas e como fazer para chegar ao ponto de Demanda Infinita, cabe a você colocar em prática e gerar retorno sobre o conhecimento que acaba de adquirir.

Esse conhecimento mudou a minha vida, a de mais de mil clientes que implementaram o método e a da minha família. E posso dizer que valeu muito a pena, cada pedra que encontrei no meu caminho.

Boa sorte e boas vendas.

Projetos corporativos e edições personalizadas dentro da sua estratégia de negócio. Já pensou nisso?

Coordenação de Eventos
Viviane Paiva
viviane@altabooks.com.br

Contato Comercial
vendas.corporativas@altabooks.com.br

A Alta Books tem criado experiências incríveis no meio corporativo. Com a crescente implementação da educação corporativa nas empresas, o livro entra como uma importante fonte de conhecimento. Com atendimento personalizado, conseguimos identificar as principais necessidades, e criar uma seleção de livros que podem ser utilizados de diversas maneiras, como, por exemplo, para fortalecer relacionamento com suas equipes/ seus clientes. Você já utilizou o livro para alguma ação estratégica na sua empresa?

Entre em contato com nosso time para entender melhor as possibilidades de personalização e incentivo ao desenvolvimento pessoal e profissional.

PUBLIQUE
SEU LIVRO

Publique seu livro com a Alta Books.
Para mais informações envie um e-mail para: autoria@altabooks.com.br

CONHEÇA OUTROS LIVROS DA **ALTA LIFE**

Todas as imagens são meramente ilustrativas.

 /altabooks   /alta-books   /altabooks   /altabooks